思想觀念的帶動者

文化現象的觀察者

本土經驗的整理者

生命故事的關懷者

Psychotherapy

探訪幽微的心靈，如同潛越曲折逶迤的河流
面對無法預期的彎道或風景，時而煙波浩渺，時而萬壑爭流
留下無數廓清、洗滌或抉擇的痕跡
只為尋獲真實自我的洞天福地

心靈工坊 |PsyGarden|

身體不說謊：再揭幸福童年的祕密

Die Revolte des Körpers

作者——愛麗絲・米勒（Alice Miller）
譯者——林硯芬

情緒並非奢侈品，而是一種生存鬥爭的複雜輔助工具。

——安東尼奧・達馬西奧[1]

1 Antonio R. Damasio（1944－），葡裔美國人，神經學家。

目錄

II

心理治療中的傳統道德與身體的知識

【推薦序一】

哀悼與理解的交錯

洪素珍
國立台北教育大學心理與諮商學系副教授

對古典精神分析學派的理論而言，影響人一生最大的無非就是童年創傷經驗的反覆，對精神疾病追本溯源，總是可以找到童年期發生的病根。以研究童年早期心理創傷的成因及其之後影響而著稱的原波蘭籍心理學家愛麗絲・米勒（Alice Miller）更認為，早期創傷，尤其是嚴重的身體與精神虐待，不僅影響日後的心理發展，與生理的健康也息息相關。她的《身體不說謊》舉出很多歷史名人幼時受虐，造成日後身心苦痛，甚至英年早逝的例子來支持與論證其觀點，頗具說服力。

米勒曾接受精神分析訓練，並擔任精神分析師。她童年有過受虐經驗，長期關注兒童受虐議題，發現當父母對孩子造成身心虐待，由於社會文化道德的壓力，受虐的孩子會選擇壓抑，從小到大、日積月累，終於積怨成疾，持續對自己也對他人造成傷害。

有趣的是，在從事二十年的精神分析工作後，米勒選擇了放棄這個發掘潛意識的治療工具，因為她認為，精神分析理論和實踐無法讓受虐者認識到父母的錯誤，而且傳統文化道德、宗教倫理要求人們「敬愛父母」，更讓問題失焦，或許這唯一的好處是讓施虐的成人變老後，像買了保險一樣，享受「養兒防老」的保險受益。但這卻讓受虐的孩子帶著創傷成長，他們也許又會在自己的孩子身上重複所經過的那些虐待，以紓解壓力；他們的身體也可能反應出創傷的後遺症，身心受苦。

人類做為一個有感知覺受，且具長期記憶的有機體，無法不受過往經驗的影響。米勒在本書中對「敬愛父母」的道德律提出嚴厲批判，並對於精神分析不正面處理傳統道德障礙、因而影響到治療效果感到不耐，她主張直指父母造成傷害的事實核心，讓受虐的孩子不再替施虐父母背負責任。依照她的實務經驗，此舉確實有效幫助了許多人解決長久困擾的身心舊創。

米勒點出了我們很難敢於檢討和挑戰傳統道德的盲點；然而，當我們成功地把錯誤責任還給犯錯的父母、勇敢對於自己是個絕對獨立自主的個體產生自覺，逃離了內在父母的監控，不再依賴父母之愛的幻想……以後，就能夠從此過著自由幸福的日子嗎？

米勒在書中舉出日本名作家三島由紀夫的自殺，可能是童年時期對於祖母與父母的教養不滿，憤怒無從發洩，因而造成悲劇的例子，以作為敬愛父母的道德律可能殺人的說明，但我想，這並非否認父母之愛的重要性。對此，我以另一位日本天才作家的悲慘生命故事作為對照，加以說明。

從一九六八年十月到一九六九年四月的半年之間，日本東京、京都、函館、名古屋連續發生四件槍擊死亡事件。在一次企圖槍殺警察的行動失敗後，被逮捕的十九歲男子永山則夫，自承犯下前述的四次案件。

永山則夫出生於北海道，家徒四壁，在八個手足中排行第七。他父親是個嗜賭的酒鬼，倒斃路旁；母親後來帶著四個小孩離家，留下四個小孩獨活，包括會對弟妹施暴的二哥、有精神疾病的大姐、則夫以及最小的妹妹。四個小孩居無定所，以拾撿菜市場的棄菜爛葉裹腹為生。有暴怒的哥哥為榜樣，永山也會虐待妹妹。永山則夫失去父母的愛，也沒能好好上學，幾乎與文盲無異。他國中時被問到將來的志願時，他的答案是：「自殺！」

國中畢業後，永山則夫到東京謀生，他遭受到嚴重的歧視與排斥，沒有一個崗位能夠久待。他自殺過無數次，但沒一次成功。有一天他闖進美軍基地，想像可以被亂槍打死。不過他竟成功潛入基地，不僅沒被發覺，還偷到一把手槍。於是他決定以這把槍隨機殺人，以發洩對人生的不滿。

雖然永山犯案時未滿二十歲，可被視為不能被判死刑的未成年犯，心理鑑定也將他的殺人認定為「因為心理嚴重受創」的結果；但都無法改變法官認定他不可教化、應與世永隔的裁決，永山因此被判死刑。

永山的心理鑑定雖不被採認，然而不可思議的是，當時與他談話的心理醫師石川卻打開了他的心門。在晤談中，他了悟自己的錯誤，感到愧疚、後悔，嚎啕大哭，然後在不知道什麼時候會走到人生終點的黑暗中開始重新整理自己。他開始讀書識字，甚至寫作。

從一個幾乎目不識丁的殺人犯，入獄不到兩年，一九七一年，永山出版了第一本書《無知之淚》，敘述自己的內心痛苦，因無知、貧窮而犯下滔天大罪，並真誠地道歉與懺悔。書出版後，感動日本人心無數，並一躍為暢銷書。之後他繼續出版《無知之淚續集》一樣大受歡迎，甚至得到文學界的注意。一九八三年出版小說《木橋》，得到日本文學界的桂冠、第十九屆日本文學獎，依慣例，得獎者將被推薦進入「日本文藝作家協會」為會員。在極大爭議中，永山則夫被接受為會員，有些反對者則退掉會籍以示抗議。

永山的懺悔與文學傳奇並沒有改變他死刑犯的身分，雖經多次上訴，也有機會改判，但他終於放棄上訴，在一九九〇年死刑確定，一九九七年被執行。

承認「父母的愛」可能是會殺人的道德律，或許可以拯救三島由紀夫；但是，如果曾經擁有父母的愛，是不是也可以拯救永山則夫呢？這中間應該還有很多更細緻的糾結值得探討。

三島與永山所失落的，不管是對痛苦的自覺，還是愛，都因為缺少了佛洛伊德所說的「哀悼歷程」（mourning process），而走入絕境。以精神分析理論的觀點來看，哀悼雖然痛苦，但卻是復原的必經之道。米勒雖未使用「哀悼」字眼，但她跳脫道德桎梏的枷鎖、呼籲世人面對內在真實的痛苦，其實就是要經歷哀悼的過程；正如同更細緻地操作精神分析，因而突顯了本書的價值。

【推薦序二】

當自己內在小孩的媽媽

林蔚昀
專欄作家、波蘭文學譯者

愛麗絲·米勒的《身體不說謊》，我是在眼淚中讀完的。而且不是普通的流淚，而是無法抑止的無助嚎啕。

身體會感到痛、會哭泣，我想是因為這本書激起了我體內那個小女孩——雖然在現實生活中，我已經是一個四歲半小男孩的母親——她內心的無助、被不斷拋棄與拒斥的絕望，於是，我三十二歲的身體也感受到她的痛苦而慟哭了。

我和作者來自完全不同的背景、活在完全不同的時空，現實中唯一的連結是我目前住在波蘭，和她出生長大、後來逃離的國家是同一個；但是我十分能理解她所說的受虐兒的心理，以及他們對童年苦痛的否定。因為，我也是受虐兒，而且我是花了許多年的時間、付出極為痛苦的代價，才有勇氣承認、面對這件事。

國小六年和國中三年，我都有被學校老師體罰或以語言羞辱的經驗。打我最兇的是我小一的導師，她打我只是因為我幼稚園沒學過ㄅㄆㄇㄈ、剛開始上學時國文考不好，還有常常在學校哭著想媽媽。除了考試成績沒有達到標準、不守秩序會被打，這位老師也會因為莫名其妙的理由打學生，比如說被打時手沒有伸直、忘了說謝謝、或者被打沒有哭反而笑；她還會對我們進行情感勒索，比如罵我們「只會和父母告狀、不懂得感謝老師付出的心血、讓老師背黑鍋」等。

即使是在今天看來那麼明顯、不可思議的暴行，我也是直到最近兩三年，才能以「虐待」來稱呼那發生在我身上的可怕事件。很小的時候，我會認為我被打是應該的、對我有好處的、需要被感謝的，原因也許就像是匈牙利作家因惹・卡爾特斯（Imre Kertész）在他著名的小說《非關命運》中所說的：如果不把在集中營中遇見的所有費解而殘忍的事情解釋為正面的，他會因死亡的恐懼而崩潰（引自《身體不說謊》內文）。

米勒在《身體不說謊》中提到，我們的社會時時刻刻都在提醒我們「要尊敬父母」。在西方世界中，這個信仰是依靠基督教精神來鞏固（米勒提出了摩西十誡中的第四誡，稱它為「老人的人壽保險」），而在儒家文化圈，包括台灣，尊敬父母的思想更是得到了廣泛的延伸，隨時隨地透過孝道、五倫、尊師重道、敬老尊賢……等教條來約束我們，要我們善待包括父母在內的所有老人，不管他們曾經對我們造成多大的傷害。

於是，我被迫去為自己憤怒的情感負責，去「體諒」、「寬恕」、「理解」那些其實一點都不負責任的大人。我的父母雖然沒有對我的痛苦袖手旁觀，但是他們也無力改變老師的暴行，只能叫我不要在意。這些壓力、矛盾衝突、敵意和失望一直在我體內膨脹、沸騰，終於，在我十四歲的某一天，它透過讓我用美工刀切開自己的身體，撕裂了我。

照愛麗絲・米勒的說法，我的身體說話了。那話語是如此的誠實、血淋淋，以至於當時的我和身邊的人都沒辦法面對它，也沒有人能理解這種語言，於是我身體的尖叫只好以沉默的姿態繼續存在。許多年後，當我的自殘行為轉變成對丈夫的語言及肢體攻擊，當我身體的尖叫終於被我自己和他人聽到，當我有了覺悟認真去做心理治療、不再因為痛苦而中斷……我才慢慢聽到、也聽懂了我身體的話語。

「救我。」這就是我的身體、我身體裡那個小女孩從我七歲起就不斷對我發出的訊息。而我一直等到有了自己的孩子，因為不想讓我過去受到的傷害成為孩子的負擔，才有勇氣、意願和能力，去成為我內在小孩的母親，去照顧、擁抱和保護她，對她說：「妳有權利感覺到妳所感覺到的，世界上沒有任何人能夠剝奪妳的感覺。妳不必為妳的感覺感到罪惡，妳值得別人對妳好。」

「妳值得別人對妳好。」當我能夠對自己的內在小孩說出這句話，我也用行動向她證明了：她值得我對她好，我可以對她好。我成了愛麗絲・米勒口中那個可以滿足孩子對愛的需求的人。同時，因為當母親的經驗，我明白自己的侷限，明白我偶爾也是無法給予的、也會感到疲倦或厭煩，無法滿足內在小孩的所有需求。

但是沒有關係。就像我不必在我的孩子面前扮演一個完美的母親，我也不必在我的內在小孩面前扮演一個完美的「知情見證者」。我慢慢學會，不要因為有時候無法愛自己而感到罪惡，因為那只會讓我陷入無止盡的怪罪漩渦。我只要像英國兒童心理學家溫尼考特（D. W. Winnicott）說的，夠好就好了。因為夠好，我可以允許自己像波蘭兒童教育家柯札克（Janusz Korczak）一樣，針對「如何愛孩子」的問題坦白地回答：「我不知道。」

我感覺自己正站在一艘帆船上，即將航向一趟未知的旅程。我知道在那旅程中我會遇到自己的小孩以及我的內在小孩，甚至是我父母及丈夫的內在小孩。我即將和他們產生一些關係，但我還不知道那會是什麼樣的關係，也不知道要怎麼去接近他們。我只知道風已經起了，而那風，有一部分是愛麗絲·米勒的書所掀起的。

前言

我所有著作的中心議題都在探討人們對童年曾遭逢苦痛的否認。每一本書都與這種現象相關的某個特定觀點扣連著，並且深入研究其中的某一個領域。例如，《教養為始》（*Am Anfang war Erziehung*）與《你不該知道》（*Du sollst nicht merken*）這兩本書，重點放在否認的原因與後果。我後來的書裡，又指出這種否認會對成年人的人生與社會有什麼影響（《迴避之鑰》〔*Der gemiedene Schlüssel*〕特別關注藝術與哲學，《拆掉沉默之牆》〔*Abbruch der Schweigemauer*〕則關注政治與精神病學）。由於這些不同的面向並無法完全與其他面向切割開來，因此理所當然地會產生重疊與重複的狀況。不過對於細心的讀者來說，很輕易地就能察覺這些一再出現的主題有著不同的前後關聯性，並採用另一種觀點加以檢視。

然而，我使用的特定概念是不受限於前後脈絡的。例如，我在使用「無意識」（unbewußt）一詞時，只意指被壓抑、被否認或被分離的內容（記憶、情緒、需求）。對我而言，一個人的無意識就等同於他／她的故事，其故事雖然完整地儲存在身體裡面，但意識卻只能觸及一小部分。因此，我從未以形而上學的意思來使用「真相」（Wahrheit）一詞，而是指一種主觀的存在、是和個人實際人生有關的意思。我通常說的是「他」或「她」的真相，意味著這是當事者的真實故事，是表達並反映了他或她的情緒。在我使用的術語裡，所謂的「情緒」（Emotion）近乎是無意識的，但同時也是身體對內在或外在事件的重要反應，例如對雷雨的恐懼、發現受騙而憤怒、或是收到真正渴望的禮物而欣喜不已。相較之下，「感覺」（Gefühl）一詞比較是屬於一種對情緒**有意識的**（*bewußte*）感知。因此，情緒盲目（Emotionale Blindheit）通常需要付出高昂代價且多半是（自我）毀滅性的奢侈品（Alice Miller, 2001）。

這本書的主要關注是：否認我們真實而強烈的情緒，會對身體造成什麼結果。這些否認，特別是基於道德與宗教所需。根據我在心理治療方面的經驗（其中包含了我個人的經驗，以及我服務過的非常多個案），我得到以下的結論：曾在童年受虐的人只能藉由極力壓抑與分離他們的真實情緒，才能試著去遵守「摩西十誡」中的第四誡[2]。他們無法愛與尊敬自己的父母，因為他們始終會不自覺地畏懼父母。即便他們非常想要與父母發展出舒適、互信的關係，但仍然無法做到。

反而，通常會具體化為一種產生自恐懼與責任感的病態依附；這種依附不能稱為真正的愛。我稱之是一種「假象」（Schein）、一種「表象」（Fassade）。此外，童年曾受虐的人常常一輩子都渴望有朝一日能獲得他們被拒絕給予的愛。這種期望強化了他們與父母之間的依附——宗教信仰認為這種依附就是愛，並讚許為美德。遺憾的是，大部分的心理治療過程也有這種現象，這是因為大多數人都被傳統的道德掌控了。身體則會為這種道德付出代價。

如果一個人相信他的感覺是他「應該」感覺到的感覺，並且不斷地盡力不去感覺那些他被禁止的感覺，最終他一定會病倒——除非他把這筆帳留給下一代來償還，他將自身不被承認的情緒投射到孩子身上。

這本書正是要揭露一項精神生物學上的律則，宗教與道德長久以來一直在掩飾它。

本書的第一部，將藉由幾位作家和其他名人的生平來闡釋這項律則；接下來的兩個部分，則要指出真正的溝通之道，它將有助於擺脫自我欺騙的惡性循環，並解除這些精神症狀。

2 「應孝敬你的父親和你的母親。」這條戒律在羅馬天主教和路德教派裡是第四誡；在東正教的信仰體系以及多數新教教派，則是如同猶太教傳統，列為第五誡。

【導論】

身體與道德

通常，身體的病痛是身體對維持生命運作的功能長期遭受忽視的反應。我們身體維持生命運作的功能之一，就是有能力去傾聽我們所屬生命的真實故事。因此，本書的中心議題就是關注於這兩者之間的衝突：一種是我們所感覺到的，也就是那些被身體記錄的；另一種則是我們**應該**（*möchten*）感覺的，是為了符合早就內化的道德規範和標準。我認為有一種極為特定且普遍公認的規範——也就是第四誡——常常阻礙我們進入自己真實的感覺，而我們必須透過各式各樣的身體病痛為這種妥協付出代價。本書將舉出許多有關此論點的實例。不過，這不是完整的傳記，而是將焦點集中在一個問題上：當事者與其施虐父母之間的關係。

我透過經驗學習到，我自己的身體就是所有與生命攸關之訊息的來源，這些訊息為我開啟了一條更獨立自主、更有自信的道路。唯有當我能感覺長久以來封鎖在身體之中的情緒，我才能開始擺脫自己的過去。真正的感覺不是靠意識的努力去獲得的。它們一直都在身體那裡，而且一直都帶著某個原因，即便原因常常隱而不顯。如果我的身體基於某些它自身非常了解的原因，拒絕去愛或尊敬父母，那麼我就無法強迫自己去愛或尊敬他們。如果我想遵守第四誡，就會身陷於壓力之中，就像我每次要求自己去做不可能辦得到的事情。我幾乎一輩子都背負這種壓力。焦慮一直如影隨形，我曾試著去想像美好的感覺，忽視不舒服的感覺，以便合乎道德規範與我所接受的價值體系。我努力成為一個被疼愛的女兒，但我並沒有成功。最後我終於理解到，如果一開始愛就不存在的話，我無法強迫愛的出現。另一方面，我也學會一旦我不再強迫自己去愛，停止遵從強加於我的道德規範，愛的感覺會自然而然地出現（例如：對我孩子的愛，或是對朋友的愛）。只有當我覺得自己是自由的，而且敞開心胸接受我所有的感覺（包括那些負面的感覺）時，愛的感覺才會出現。

當我認知到無法操控自己的感覺，我既無法欺騙自己也無法欺騙別人，而我也不想這麼做之後，我如釋重負並解脫了。接著我才突然察覺，很多人就像我一樣試著遵守第四誡，未曾發現他們讓自己的身體或讓孩子為此付出了多大的代價，以至於幾乎毀了自己。只要人們依舊利用下一代，就極有可能這樣一代代生活超過百年，既不會覺察到個人的真相，也不會因自我欺騙的拖延方式而罹患任何疾病。

一位被迫承認由於她自身在年輕時缺乏相關經歷、因而再怎麼努力都無法去愛自己孩子的母親，她預期到如果勇於說出這層真相，將會被人譴責她是不道德的。但我相信正是因為她清楚接納了自己的真實感覺，不再依賴道德的規範，才讓她有可能誠實、真心地給予自己與孩子所需的幫助，並將切斷自我欺騙的鎖鏈。

當孩子出生時，他們最需要從父母身上得到的是愛──我指的是慈愛、關注、照顧、和藹以及溝通的意願等。如果這些需求被滿足了，孩子的身體將會得到關愛照顧的美好記憶，在長大成人之後也會將同樣形式的愛繼續傳遞給下一代。但如果這些需求沒有被滿足，那麼他將一輩子渴望最初始（也是最重要）的需求能被滿足。在日後的人生中，這種渴望將會轉嫁給其他人。比較起來，越常被剝奪愛，或是越常被以「教養」之名而遭受否定或虐待的孩子，在成年之後就越離不開父母（或替代父母的其他人），他們期待獲得以前父母在關鍵性的時刻未按其所需給予的一切。這是身體的正常反應。身體知道它缺少了什麼，它忘不掉那些匱乏。匱乏或空洞一直都在那裡，等待被填滿。

當年紀越大，就越難從別人身上獲得父母拒絕給予的愛。但身體的期待卻不會隨著年齡的增長而停止——而且完全相反！期望只會轉嫁給其他人，通常的對象就是自己的兒孫。離開這種困境的唯一辦法，就是能對這種機制有所自覺，並藉由消解壓抑與否認的過程，竭盡所能地認清我們的童年真相。我們能在自己身上創造出可以滿足這些需求的人，給予我們從出生以來或更早以前就等著被填滿的需求。如此一來，我們就可以提供自己未曾從父母身上獲得的重視、尊重、對自身情緒的理解、必要的保護，以及無條件的愛。

為了實現這個目的，我們需要一個特殊的經驗：去愛童年的自己。沒有這種愛的經驗，我們就不會知道愛是什麼。如果我們想藉由心理治療的幫助學會這種經驗，就需要一位可以給予保護、尊重、同理心與陪伴的治療師，這位治療師能接受我們的模樣，能幫助我們了解自己為什麼會變成現在的樣子。這種基本經驗是不可或缺的，如此一來我們便能為曾經受忽視的孩子披上父母的角色。我們不需要那些想為我們「做些方案」的教育家，也不需要那些在面對個案的童年創傷時，力求保持中立並將分析對象的敘說詮釋為幻想的精神分析師。不，我們需要的正是完全相反的人：也就是一個**偏心的**（*parteiischen*）陪伴者，當我們的情緒，在他與我們面前一步一步地揭露童年曾承受過什麼，以及過去必須忍受些什麼時，這位陪伴者可以陪我們一起經驗驚懼與憤怒；當我們還是小孩，身心在為生命奮戰，一直是孤孤單單的，長年累月地處在持續的危險之中。我們需要這樣的一個陪伴者——我稱之為「知情見證者」（Wissenden Zeugen）——如果我們得到這種陪伴，從此刻開始去幫助我們心中的那個孩子，去理解他的身體語言、去探究他的需求，而不是像我們的父母一直以來忽視這些需求。

我在這裡描述的內容絕對是實際可行的。人們可以在這種偏心的、**不中立**（*nicht nuetralen*）的治療陪伴下找到自己的真相。人們可以在這樣的過程中解除自己的病症、擺脫抑鬱、重獲人生樂趣、脫離筋疲力竭的狀態，而且，一旦不再需要將精力耗費在壓抑自身的真相後，他的能量就會滋長了。重點在於，每當我們壓抑自己的強烈情緒，並且企圖輕視、忽視身體的記憶時，抑鬱特有的疲倦感就會來臨。

為什麼這種正面進展的機會比較少發生呢？為什麼大多數人（包括所謂的「專家」）寧願相信藥物的力量，而不是讓儲存在身體裡的所知去引導呢？身體清清楚楚地知道我們需要什麼、被拒絕了什麼、承受不了什麼、對什麼會有過敏反應等等。但多數人卻寧可尋求藥物、毒品或酒精等的協助，這些物品只會讓通往真相的道路更加受阻。這究竟是為什麼呢？是因為知道真相後會痛苦？痛苦是必然的。但這種痛苦只是暫時的，在適當的治療陪伴下，可以忍受得了。我相信最主要的問題就出在缺乏這種專業的陪伴。在我稱為「助人的專業者」（helfenden Berufe）的人士之中，多數人似乎都受到自身道德系統的強烈阻礙，使他們無法幫助曾受虐的孩子，以及看清早年的傷害所帶來的後果。規定人們要敬愛自己父母的第四誡，它的威力完全壓制了這些專業人士，第四誡說：「使你的日子在耶和華你神所賜你的地上得以長久。」

很明顯，這條戒律妨礙了早年傷痕的療癒。截至目前為止，該事實都未曾被公開談論和探討，這點並不奇怪。這條戒律的影響範圍與力量是難以衡量的，因為幼小的孩童自然地會依附他們的父母，所以一再助長了第四誡。就連最偉大的哲學家與作家都不敢抨擊這條戒律。尼采[3]雖然犀利地批判了基督教的道德規範，但他無法將批判擴及自己的家庭。當任何一個曾受虐的成年人企圖違抗父母的行為時，心中都暗藏著那個小小孩對父母會施加懲罰的恐懼。不過這種恐懼只會潛伏在無意識裡。一旦有意識地經驗到了，恐懼就會隨著時間漸漸消散。

支持第四誡的道德規範與我們童年的期望互相結合，導致絕大多數治療師會對尋求幫助的病患，提出和他們接受的教養同樣的一套規範。許多這類治療師本身就和父母有數不清的牽纏。他們稱這種擺脫不了的牽纏是「愛」，並試著將這種形式的「愛」提供給他人作為解決之道。他們宣稱寬恕是癒療的途徑，顯然並不明白這條路是個圈套，他們自己就身陷其中。寬恕從來沒有療癒的效果（Alice Miller, 1990; 2003）。

很特別的一點是，我們幾千年來都與這條戒律生活在一起，幾乎無人質疑它，只因為它支撐了一項生理現實：所有孩子，無論受過虐待與否，都一直愛著他們的父母。只有成年人，才有辦法選擇。但我們的行為卻表現得猶如仍是小孩，不可以對自己父母的戒律提出質疑。然而，身為有意識的成年人，我們擁有質疑的權力，即便我們知道這些對兒時的質疑可能會讓父母非常震驚。

以上帝之名將十誡交付給族人的摩西，他自己就是一個被父母放逐的孩子。

3 Friedrich Nietzsche（1844－1900），德國哲學家，提出「上帝已死」之說，重要作品如《善惡的彼岸》、《道德譜系學》等。

（雖然他們這麼做是為了免於危難，但仍不可否認）。與大部分被趕出家門的孩子一樣，他期望有朝一日能喚回父母的愛，從父母那裡得到理解與尊重。我們被告知：摩西的雙親是為了保護他不被追捕，才會遺棄他。但那個躺在柳條籃裡的小嬰兒並不了解這點。長大成人後的摩西會說：「我的父母是為了保護我才遺棄我。我不能生他們的氣。我必須感謝他們，他們救了我的命。」但小摩西感覺到的卻可能截然不同：「為什麼我的父母要丟掉我？為什麼他們要讓我冒著淹死的危險？我的父母不愛我嗎？」在這個小嬰兒體內儲存的真實感覺——絕望、害怕死亡——會繼續留在摩西的身體內，在他對族人頒布十誡時依然主宰他。從表面上來看，可以視第四誡是一種老年人的人壽保險，在《聖經》的時代或許是必要的，但現在已經不再需要這種形式了。更進一步來看，會發現第四誡包含了一種威脅，是迄今仍有效的道德勒索：如果你想長壽，就要尊敬你的父母，即便他們不值得尊敬亦然；否則你就會早死。

雖然這項戒律令人困惑和畏懼，但大多數人都會遵守。我相信現在正是認真看待童年傷口及其後果的時候了。我們必須把自己從這條戒律釋放出來了。這並不表示我們必須報復年邁雙親曾做過的殘忍行徑。它意味著我們必須看見他們過去的樣子，以及理解他們如何對待幼年時的我們。而後，才能將我們自己與下一代從這種行為模式解放出來。我們必須將自己從持續進行破壞的**內化的**（*verinnerlichten*）父母裡釋放出來。唯有如此，我們才能肯定自己的人生，並且學會尊重自己。這是我們從摩西身上學不到的。當摩西信奉第四誡時，他已經變得不忠於自己的身體訊息了。他完全無法產生其他的想法，因為他並未意識到這些訊息。但也正因為如此，我們不能讓第四誡成為強迫我們的力量。

在我所有的著作裡，我試著用不同的方式以及脈絡，闡述我所謂「黑色教育」（Schwarzen Pädagogik）的童年經歷會如何在日後限制我們的活力，並大幅損害甚或扼殺我們究竟是誰、我們有什麼感覺、我們需要什麼感覺等。「黑色教育」的養育之道會教養出適應良好的個體，只會信任他們被強迫戴上的面具，因為他們童年一直生活在害怕被處罰的長期恐懼之中。這種教育方式的最高原則是：「我這樣教你，是為了你好，即便我毆打你或用言語折磨、傷害你，都只會對你有好處。」

匈牙利作家暨諾貝爾文學獎得主因惹・卡爾特斯[4]在他著名的小說《非關命運》中，提到了他進入奧斯威辛集中營的景況。他鉅細靡遺地告訴讀者，當時他還只是一個年僅十五歲的男孩，他如何試著將在集中營遇見的很多費解而殘忍的事情解釋為正面、對他有好處的。因為如果不這麼做的話，他無法在死亡的恐懼下倖存下來。

或許每個受虐兒為了求生，都必須接受這種態度。這些孩子重新詮釋他們的感知，在局外觀察者一致認定是明顯的犯罪行為之中看見「善行」。孩子沒有選擇。如果沒有「協助見證者」（Helfenden Zeugen）在一旁扭轉情況或幫忙揭露施暴者，受虐兒就必須要去壓抑真正的感覺。日後他們長大成人之後，如果有幸遇到了「知情見證者」，他們才有了選擇。他們可以進入真相，不用再去同情、「理解」施暴者，停止試圖感覺他們無力支撐的、分離的情緒，以及可以徹底地揭露曾被施暴的情況。這一步意味著身體卸下了重負。長大成人的當事者不用一再地強迫憶起孩提時的悲慘歷史。一旦這個成年人願意認清自己的所有真相，他的身體就會感覺被理解、被尊重與被保護。5

我稱這種暴力形式的「教養」（Erziehung）是虐待（Mißhandlung），不只是因為孩子被否定了他身為人類所應得的尊嚴與被尊重的權利，同時也建立起一種極

4 Imre Kertész（1929－），二〇〇二年獲得諾貝爾文學獎，其得獎作品即《非關命運》（*Sorstalanság*）。

5 「黑色教育」係指以摧毀兒童意志為目的，透過公開或非公開的方式動用權力、操縱、威逼等手段，致使其順從服膺。
「協助見證者」指的是幫助受虐兒童之人，他們會對被毆打或無人照料的孩子表達同情或關愛，不會以教育為由去操縱孩子，讓他們感受到自己並不壞、自己是值得獲得善意對待的。
「知情見證者」指的是知曉受虐或缺乏照顧之兒童後果的人，因此他會幫助這些受創者，並表達同情，協助他們更加了解那些個人經歷所造成的恐懼與無助感，讓如今已成人的他們，能夠更自在地做出選擇。
「黑色教育」與「協助見證者」、「知情見證者」皆為米勒所提出的概念，讀者可在《夏娃的覺醒：擁抱童年，找回真實自我》前言中看見較詳細的解說。

權體制，使孩子完全無法感知所遭遇到的屈辱、貶抑與蔑視，更遑論起而反抗了。這種童年的模式必然會被受害者複製，用在他們的伴侶與孩子身上，用在工作場域與政治領域裡，用在任何使恐懼和焦慮滋生、不讓那極度缺乏安全感的孩童得到外部力量的協助之處。獨裁者就是透過這種方式而誕生的；這些人在內心深處蔑視任何人，他們在孩童時期不曾受到尊重，日後便試圖用強大的權力迫取尊敬。

我們可以在政治領域裡觀察到，對權力與認同的飢渴從未止息。那是永無饜足，也不可能全然被滿足的。人們擁有的權力越大，就越會在強迫性的重複驅力下行動，而他們企圖逃離的舊有無力感會再度出現：在地堡裡的希特勒、在自我偏執狂的恐懼之中的史達林、後來被人民反對的毛澤東、被放逐的拿破崙、在監獄裡的米洛塞維奇[6]，以及躲在地洞裡權力不再的海珊[7]。是什麼驅使這些人如此濫用他們獲得的權力，導致他們最後傾覆在無力感之中呢？我認為是他們的身體。他們的身體清楚知道所有在童年時期的無力感；他們將這種無力感鎖進了自己的細胞裡，他們想驅使這種無力感的「擁有者」被人看見。然而，這些獨裁者全都非常害怕自己童年的現實，他們寧願毀掉整個民族、讓幾百萬人死去，也不願去感覺真相。

雖然我覺得研究獨裁者的生平非常具有說服力，但在這本書裡我不會繼續關注這些獨裁者的動機。我要將注意力集中在那些同樣接受黑色教育長大，但不覺得需要獲取無窮權力或變成獨裁者的人。相較之下，他們並未將壓抑的怒氣與憤恨施加於他人身上，而是毀滅性地轉向自己。他們生了病、罹患各種症狀，並且很早辭世。這些人當中最具天分的，會成為作家或藝術家。他們雖然能在文學或藝術上呈現出他們的真相，但呈現的永遠只是人生的分裂部分。這種分裂則讓他們用病痛付出了代價。我將在本書的第一部提出這類悲劇性人生的案例。

聖地牙哥的一個研究團隊，曾在一九九〇年代針對平均年齡五十七歲的一萬

6 Slobodan Milošević（1941－2006），曾任南斯拉夫與塞爾維亞兩國的總統，是共產主義的支持者。

7 Saddam Hussein（1937－2006），前伊拉克總統。

七千人，詢問他們的童年概況以及一生當中有哪些疾病紀錄。結果顯示童年曾受虐者，比童年未受虐、沒有「為了他們好」而被責打的人，日後罹患重症的比例多了數倍。後者在日後的人生中不會抱怨病痛的問題。這篇研究短文的標題是〈如何點金成石〉（*Wie man aus Gold Blei macht*）。作者把這篇文章寄給我，他對這項發現的評論是：結果一目了然、極具說服力，但同時卻沒人看見、被人掩蓋了。

為什麼被人掩蓋了呢？因為公布結果時不可能不譴責施虐的父母。我們的社會依然禁止譴責父母，事實上如今反而更嚴重了。這是由於專家們越來越力挺的觀點，是將成年人心靈上的苦痛歸咎於基因遺傳，而不是來自童年明確的傷害、被父母排斥。就連七〇年代有關思覺失調患者童年的研究，除了發表在專業雜誌以外，也不被大眾所知。深信基因論者依然是勝利的一方。

英國廣受重視的臨床心理學家奧利佛・詹姆斯[8]在《他們毀了你》（*They F*** You Up*）一書裡，談的就是這種觀點。雖然這本出版於二〇〇三年的著作，留下了矛盾的印象（因為作者對於自己理解的結論感到恐懼，甚至明確地警告不要把孩子的苦痛認為是父母的責任），但該書還是利用很多研究結果與文獻很有說服力地證明了，除了遺傳因素之外，其他因素在心理疾病的發展上其實並未扮演什麼重要角色。

因此，很多當今的心理治療很小心地迴避童年這個議題（Alice Miller, 2001）。的確，他們一開始是會鼓勵病患表達出強烈的情緒。但隨著情緒浮現的往往是被壓抑的童年記憶，也就是遭受虐待、剝削、羞辱與傷害的記憶；這些事情對心理治療師來說，常常都超過了他們的負荷能力。如果治療師沒有親自走過這條路，並無法應付這一切。曾走過這條路的治療師並不多見，所以大部分的治療師給個案的建議依然是黑色教育的老調重彈，也就是最初導致他們生病的同一套道德規範。

身體根本不懂這種道德規範；第四誡對身體來說毫無意義，身體也不像我們的心智會被言語蒙蔽。身體是真相的守護者，因為它背負著我們一輩子的經歷，並負

8 Oliver James（1953－），英國心理學家。

責讓我們能和我們生物性的真相生活在一起。透過病症，身體迫使我們讓真相也能進入意識之中，藉此讓我們能和那個曾經被忽視、羞辱而一直在我們心中的孩子和諧地溝通。

我自己在出生的前幾個月，就已經領教了身體的「矯正」。當然，我幾十年來都不知道這一點。聽我母親說，我還是個小小孩的時候就很聽話，她不需要為我操煩。她把我的「美德」歸功於我還是個無助的小嬰孩時，她堅定採取的教養方式。這也解釋了為什麼我長期以來對童年都毫無記憶。直到最近有一次接受心理治療時，我強烈的情緒才告訴了我。雖然這些強烈情緒的表達，最初是連結到與父母無關的其他人，但我越來越能找到它們的真實來源，把它們整合成能理解的感覺，進而重建我早期童年的故事。透過這種方式，我迄今無法理解的既有恐懼消失了，多虧我的治療師偏心的陪伴，最終幫我療癒了舊日傷痕。

我的恐懼最初和我的溝通需求有關，我的母親不但從未回覆我的溝通需求，甚至堅持採用她嚴厲的教養方法，視之為頑皮搗蛋並加以責罰。我對連結與溝通的表達方式，首先會以哭泣的方式呈現，接著是提問的欲望、最終則是想說出個人的想法與感覺。但我的哭泣換來的是一巴掌，我的問題得到的是虛假的答覆，母親完全禁止我表達自己的想法與感覺。母親退到沉默裡，有時候甚至幾天不語，這是一種持續不斷且具威脅性的危險。因為她從來就不想要我表現出自己的樣子，我必須將自己真正的感覺在她面前好好地隱藏起來。

我母親的情緒會爆發成暴力，但她完全沒辦法去反思與探究自己的情緒。由於她自幼就過得很挫折且不如意，因此她一直都會把一些事情怪罪於我。如果我為這種不公平的對待加以自衛，甚至向她證明我是無辜的，她就會將之詮釋為我對她個人做出徹底的攻擊，往往嚴厲地責罰我。她將情緒與事實混淆了。每當她由於我的辯解而**感覺**（*fühlte*）遭到了攻擊，她就認為我一定是在攻擊她。她需要有反思的能力，才能看清楚她的感覺另有緣由，和我的行為無關。但她對自責全然陌生，我從沒看過她向我道歉，或表達過任何後悔。她永遠覺得自己「有理」。這使我的童年就像遭到了高壓統治。

在這本書中，我用三個部分來闡明我認為第四誡具有毀滅力量的論點。在第一部，我會概述幾個作家的不同人生，雖然他們都無意識地在作品中呈現出自身童年的真相，但由於人生初期的恐懼，並不能讓真相進入意識心智之內，因而活在分離的狀態。甚至在成年後，他／她也無法相信自己不會因為說出真相而被殺害。因為這種恐懼不只存在於我們的社會，整個世界都有要兒女孝順、原諒父母的戒律，所以這種恐懼仍是遭到撇清且難以處理的。所謂的「解決辦法」，是透過將父母理想化來逃避、否認童年時期真正的危機，否認在身體內留下的那些合理的恐懼；而為此付出的代價都非常大，我們將在之後列舉的例子略窺一二。遺憾的是，這類案例多到講不完。它們清楚顯示，個人對父母的依附讓自己以重病、早逝或自殺等方式付出了代價。他們試著掩飾自己童年遭遇的苦痛真相，顯然和他們身體的所知站在對立面。雖然書寫幫助他們表達所知，但仍然不是有意識的覺察。因此，他們的身體——被摒棄和受蔑視的孩子仍在那裡——依然沒有覺得被理解與被尊重。這是因為身體和倫理的教條無關。倫理問題對身體是全然陌生的。身體的功能，例如呼吸、血液循環、消化等，只會對我們**真實感覺到的情緒**（*gelebte Emotionen*）有所反應，而不是對道德的規範。身體遵循的對象是事實。

自從我開始研究童年對往後人生的影響後，我花了很多時間閱讀我特別感興趣的作家的日記與信件。我每每在其中發現那能解讀他們的作品、關懷與苦痛的鑰匙。他們的苦痛起自童年，但悲劇的本質並無法進入這些作家的意識心智與情緒生活之中。儘管我能在杜思妥也夫斯基[9]、尼采、韓波[10]等人的作品裡察覺到這些作家的個人悲劇，描寫他們的傳記卻連提也沒提。這些傳記詳述了作家生平與外顯事實，但鮮少提及他們是用什麼種方式克服童年創傷、這樣的童年對他們造成了什麼

9 Fyodor Dostojewski（1821－1881），俄國作家。重要作品有《罪與罰》、《白痴》以及《卡拉馬助夫兄弟》等。

10 Arthur Rimbaud（1854－1891），法國天才詩人，代表作有《地獄一季》。

後果以及如何形塑了他們的人生。當我和文學學者談起這點時，我發現他們很少或甚至完全不會對這個主題感到興趣。他們大多數對我的問題會直接顯得不知所措，猶如我想迫使他們面對什麼不正經的、幾乎可說是傷風敗俗的東西一樣。最極端的反應就是閃躲。

不過並非所有人都是如此。有一、兩位學者會對我提出的觀點表現出興趣，並提供我一些珍貴的傳記素材，這些素材雖然長久以來都是他們所熟悉的，但顯然始終沒什麼意義。本書的第一部，就是聚焦於被大部分傳記作家忽略或甚至是置之不理的相關素材。我不得不把自己侷限在一種觀察角度，放棄描述這些作家的人生中其他同樣重要的面向，因此，可能會給人片面或過於簡化的印象，但我願意忍受這種批評，我不希望讓讀者由於太多的細節而偏離了本書主軸——聚焦於道德與身體之上。

所有在書中提及的作家，也許除了卡夫卡[11]以外，全都不知道自己小時候因為父母而受苦甚深。因此，他們長大後也「不會對父母記仇」，至少在意識層面上不會。他們將父母全然理想化了，如果要他們和父母就真相來對質，他是個不切實際的想法，因為這些長大成人的孩子對真相是一無所知的。他們的意識心智根本就壓抑了真相。

這種缺乏覺察，正好勾勒了他們多半短暫的人生的悲劇。**道德阻礙了他們去認清現實**（*Die Moral verhinderte das Erkennen der Realität*），真相一直埋藏在這些才華洋溢之人的身體中。他們無法看到他們將自己的人生奉獻給了父母，雖然他們像席勒[12]為自由奮鬥，像韓波與三島由紀夫打破了所有（表面上的）道德禁忌，像喬伊斯[13]顛覆了那個時代的文學與美學標準，像普魯斯特[14]看透了中產階級（但卻看不清自己依附在中產階級的父母所造成的苦痛）。我就是要聚焦於這些面向，因為

11 Franz Kafka（1883－1924），猶太德語作家，代表作有《變形記》。
12 Friedrich von Schiller（1759－1805），十八世紀德國文豪，德國啟蒙文學代表人物。
13 James Joyce（1882－1941），愛爾蘭作家，代表作有《都柏林人》、《尤利西斯》。
14 Marcel Proust（1871－1922），法國意識流作家，代表作有《追憶逝水年華》。

據我所知，還沒有以這種觀點去探討他們的著作發表過。

在這本書裡，我會從我過去的書裡抓取一些想法，以便用我在這裡所敘述的新觀點來探討，並研究那些迄今未解開的疑問。雖然自威廉．賴希[15]與楊若夫[16]以降的心理治療相關經驗一再地顯示出，強烈的情緒是可以被喚回來的。但直到今日才得以更徹底地解釋此現象，這得歸功於近代的大腦科學研究者，例如約瑟夫．勒杜[17]、安東尼奧．達馬西奧、布魯斯．D．佩里[18]以及其他學者。如今，一方面我們已經知道，身體擁有我們所經歷過所有事情的完整記憶。另一方面我們也知道，多虧了與情緒相關的心理治療工作，我們不再繼續盲目地在孩子身上或在自己的傷口上恣意地進行這些心理治療。因此，我要在本書的第二部，探討現今那些已經完全準備好要力挺自身童年真相並看清父母的人們。不幸的是，雖然常常可以看到某個心理療程有成功的可能性，但治療如果屈服於傳統道德（這常常發生），成年個案還是無法從「應對父母抱持愛或感謝」的強迫性信念裡解放出來，那麼此療程成功的可能性便會受到阻礙。儲存在身體裡面的真實感覺會繼續被阻擋著，個案對此必須付出的代價則是自身的惡疾也會繼續存在。我認為那些已經嘗試過許多不成功的心理治療的讀者，很容易就能指認出這樣的困境。

在對道德與身體之間關聯性的研究中，我發現了另外兩種面向，它們不像之前的寬恕議題，而對我來說是全新的概念。其中之一是我自問：我們在長大成人後依然堅稱愛父母的感覺究竟是什麼？另一個令我震懾的面向是：身體終其一生都在尋求它童年時迫切需要但未能獲得的滋養。我認為許多人的苦痛根源正是源自於此。

本書第三部，將以一種「會說話」的特殊失調，來談身體如何對錯誤的養育方

15 Wilhelm Reich（1897－1957），奧地利心理學家

16 Arthur Janov（1924－）美國心理學家。

17 Joseph E. LeDoux（1949－），美國大腦科學學者。

18 Bruce D. Perry，美國心理學家。

式展開自衛。身體需要的只有真相。只要真相不為人所知、一個人對父母親真正的感覺持續遭到忽視，那麼身體的病症就不會消失。我希望以簡單的方式和日常的語言，來說明厭食症患者的悲劇，他們在成長的過程中無法進行真正的情感交流，在後來的治療過程中也缺了這一塊。如果這些敘述能幫助一些厭食症患者更加了解自身狀況的話，我會很高興。除此之外，在〈安妮塔·芬克的虛構日記〉裡，我指出絕望的根源（這不只適用於厭食症患者）：儘管一再徒勞地尋求，童年時想與父母有真正的溝通的願望還是落了空。不過長大成人之後，一旦和其他人有了真正的溝通，就會放棄這種徒勞的追尋。

讓孩子成為犧牲品的傳統，在大部分的文化與宗教之中都扎根甚深。同樣的，在我們西方文化裡也非常自然地肯定與包容這項傳統。我們雖然不像《聖經》裡亞伯拉罕和以撒的故事那樣，會將子女獻祭給上帝；但我們卻早在子女出生時，以及在日後的整個教養中，要求子女必須愛我們、尊敬我們、重視我們、為了我們去獲取成就、滿足我們的虛榮心——總之，就是要求子女給予我們所有我們的父母拒絕給予的東西。我們把它叫做禮教與道德。孩子很少能有所選擇，他們也許將終其一生被迫提供父母某些東西，但他們自己卻不曾有過、也不認識，因為他們從未被給予：真正的、無條件的愛，不僅只是迎合接受者的需求。即便如此，他們仍會竭力爭取這種愛，因為即使長大成人了，他們仍覺得需要父母，而且儘管每每失望，還是一再地希望父母會有真正的慈愛。

如果不放下這種努力爭取的行為，此行為可能會變成這個成年人的災患。結果是他會得到假象、強迫、表象與自我欺騙。

許多父母非常希望孩子能愛與尊敬他們，並用第四誡來將之合理化。我偶然看過一個相關的電視節目，所有受邀的不同宗教的神職人員都說，我們必須敬愛自己的父母，無論父母曾經對我們做過什麼。孩子對父母的依賴就是這樣被加強的，而且深信教義的信徒，並不明白他們長大成人後完全可以擺脫這種循環。在當今的知識之光下，我們看見第四誡其實是自相矛盾的。道德的體系雖然規定我們應該做什麼、不可以做什麼，但卻無法規定我們必須有什麼感覺。真正的感覺既無法被製造出來，也無法被扼殺掉。我們只能壓抑感覺、對自己說謊，以及欺騙我們的身體。但正如我們已經看到的，我們的大腦儲存著我們的情緒；情緒可以被喚回、被感受，並且幸運的是它們可以無害地轉成有意識的感覺。如果我們能幸運地找到一個知情見證者，就可以認清這些感覺的意義與緣由。

我必須愛上帝，這樣祂才不會因為我的反抗和失望而懲罰我，並且會給予我祂那寬恕一切的愛。這種對上帝的奇怪想法，同樣表達了我們幼稚的依賴與需求。我們假設上帝會像父母一樣渴望著我們的愛，難道這不是一種荒誕至極的想法嗎？一個更高層次的存有，祂仰賴著受到道德所操控的人為感覺，這讓人強烈聯想到挫敗迷惘的父母會有的不安全感。會將這種存有稱為上帝的，可能只有那些絕不會質疑父母、或不去思索自己對父母的依賴性的人吧。

第 I 部

訴說與遮掩

因為我寧願病發而讓妳滿意，

也不願引妳厭惡而無病。

——普魯斯特致母親的信

1 對父母的敬畏及其悲慘後果

■杜思妥也夫斯基、契訶夫[19]、卡夫卡、尼采

杜思妥也夫斯基與契訶夫這兩位俄國作家的作品，對年輕時的我意義重大。以下對這兩位作家的研究，讓我明白解離的機制不只是當今才有，早在一個世紀前就已經完善地運作了。當我終於成功放棄對自己父母的幻想，並且看清他們的所作所為對我的人生所造成的後果之後，我的雙眼為事實睜開了，這些事實以前對我是沒有任何意義的。舉例來說，我在一本杜思妥也夫斯基的傳記裡看到，他的父親原本是位軍醫，晚年時繼承了一座莊園與上百名農奴。他對待這些人的方式非常殘暴，以至於後來被農奴所殺。這位莊園主的暴虐必定遠超過一般限度，否則該如何解釋一

向怯懦的農奴寧可冒著因犯行而被驅逐的懲罰，也不願繼續忍受這樣的恐怖統治？可以想像，他的長子同樣屈服在父親的殘暴之下。因此，我想看看這位寫了很多世界名著的作家如何處理他個人的故事。我當然非常熟悉他在小說《卡拉馬助夫兄弟們》裡描寫的那位鐵石心腸的父親，但我想知道的是他與父親之間真正的關係為何。首先，我在他的書信中尋找相關的段落。我讀了許多他的信件，但卻找不到任何一封寫給父親的信。他唯一提及父親的地方，可以證明兒子對父親絕對的敬重與無條件的愛。另一方面，幾乎所有杜思妥也夫斯基寫給其他人的信裡，都在抱怨自身的經濟狀況，並請求財務的援助。對我而言，這些信件明顯說出了一個孩子對持續威脅生存的恐懼，以及絕望地期待他的困境能被理解、能獲得收件者的好心借貸。

眾所皆知，杜思妥也夫斯基的健康狀況非常不好。他長期失眠，並且抱怨會做可怕的惡夢，這些夢裡可能顯現了他童年的創傷，但他對此卻不自覺。我們也知道

19 Anton Tschechow（1860—1904），俄國現實主義作家，代表作有《櫻桃園》。

他幾十年來都為癲癇所苦。不過他的傳記作家們卻很少有人將他這種疾病的發作與創傷的童年連結在一起。他們同樣不明白，在杜思妥也夫斯基沉溺於輪盤賭博的背後，渴望著仁慈的命運。雖然他的妻子曾協助他克服賭博成癮，但即便是她，也無法成為杜思妥也夫斯基的知情見證者，因為在那個年代譴責自己的父親，比起今日絕對更是禁忌。

我在安東・契訶夫的身上發現了類似的狀況。在他的短篇小說〈父親〉裡，我認為他或許非常精確地描繪了自己父親的形象，他的父親過去曾是農奴，也是酒鬼。這篇小說描述一個依靠兒子過活的酒鬼，他為了掩蓋內心的空虛，拿兒子的成就往自己臉上貼金。他從未試著了解兒子究竟是怎樣的人，他從不曾展現任何情感或人性尊嚴。

這個故事被認為是虛構的小說，它可能是傳記體的意涵完全被從契訶夫有意識的人生割離出來。如果這位作家可以感覺父親實際上是如何對待他的，或許他會感到羞愧不已或勃然大怒。不過在他那個時代這是無法想像的。他非但沒有反抗父親，反而負擔著全家人的經濟，即便在他早期收入微薄時亦然。他要負擔父母在莫斯科的公寓，並一心一意地照顧父母與弟弟們。但在他的信件集裡，我很少發現契訶夫提到有關父親的事。一旦在信件中提到父親，便會表現出這位兒子全然的同情與體諒的態度。完全找不到任何蛛絲馬跡，顯示他曾埋怨過年輕時幾乎日日被父親殘暴毆打。契訶夫在三十出頭時，曾前往當時是流放地的庫頁島待了幾個月。按他的自述，這是為了描寫遭受咒罵、酷刑與毆打之人的生活。他自己其實也是這些人其中一份子的認知，大概也從他的意識裡分離出來了。傳記作家們將他四十四歲就英年早逝的原因，歸咎於庫頁島上可怕的生活條件和嚴寒的氣候。但我們不該忘記，契訶夫和他更年輕就因病早逝的弟弟一樣，一輩子都為結核病所苦。

在《你不該知道》一書裡，我描述了卡夫卡以及其他幾位作家的生平，我提到寫作雖然幫助他們活下去，但卻不足以完全解放那個被關在他們身體裡的小孩，也不足以喚回他們失去的活力、敏感與安全感。這是因為這種解放過程，知情見證者是絕不可少的。

雖然卡夫卡有兩位苦痛的見證者：米蓮娜（Milena）以及妹妹奧特拉（Ottla），尤其是後者。他可以向她們傾吐，但卻無法說出自己童年的焦慮與父母對他造成的痛苦。這仍是個禁忌。不過無論如何，他最後還是寫下了著名的〈給父親的信〉。但他從未把這封信寄給父親，而是交給了母親，請母親幫忙轉交。他在母親身上尋求知情見證者的角色，希望母親讀了這封信最終能了解他的苦痛，並且願意當他與父親之間的中間人。但母親卻押下了這封信，而且也從沒跟兒子談論信件內容。沒有知情見證者的支持，卡夫卡無法面對自己的父親。他太懼怕處罰的威脅了。我們只要回想他的短篇小說〈判決〉，就知道他實際上多害怕這種威脅了。可惜卡夫卡沒有任何可以支持他的人，讓他可以克服恐懼，寄給父親這封信。如果他曾經這麼做，或許能挽救自己一命。他不可能獨自地跨出這一步，取而代之的則是身染肺結核，才四十出頭就撒手人寰了。

我在尼采身上也觀察到類似的情況，我在《迴避之鑰》與《拆掉沉默之牆》兩本書裡描述過他的悲劇。我認為尼采的大作是一種嘶吼，尋求著擺脫謊言、剝削、虛偽與他個人的矯枉過正。但卻沒有人可以看出——尼采自己看到的最少——他早在童年就承受了多少苦痛。不過他的身體卻一刻也未曾停歇地感覺著他的重負。他在年輕時就得對抗風濕病，這種疾病與他劇烈的頭痛絕對可歸咎於強烈情緒的壓抑。他還患有無數種其他病症，據說在就學期間，一年內就有上百種之多。沒有人能察覺他因虛假的道德而受著苦，此道德是宰制他日常生活的一部分。所有人都和他一樣處在相同的氛圍裡，但他的身體卻比起其他人更清楚地感覺到了謊言。如果有人能幫助尼采了解他身體的所知，他或許就不必為了直到生命盡頭都不能看清自身真相而「發瘋」了。

2 在劇作裡爭取自由與身體被忽視的怒吼

■ 席勒

直到今天，仍常常聽到有人說打罵孩子不會造成永久的傷害。很多人認為他們自己的人生就是這種說法的明證。只要介於他們成年後的病痛與童年時的責打之間的關聯性被遮掩著，這些人就可能會一直這麼相信下去。我們可以舉席勒為例，說明這種遮掩效果運作得有多好。幾百年來，這種遮掩效果一再被人們絲毫不加批判地接受下來，代代相傳。

席勒是十八世紀的偉大浪漫劇作家之一，他一生中決定性的前三年是單獨和他慈愛的母親一起度過的。在母親身邊，席勒得以全然發展他的性格與他獨特的天賦。直到四歲時，他那專橫的父親才從長年的戰爭中回來。席勒的傳記作家弗里德里希．布爾薛（Friedrich Burschell）曾描述席勒的父親是個「嚴厲、沒有耐性、易怒且頑固的男人」。基本上，他的教養觀念就是要禁止他那生氣勃勃的兒子自發性又充滿創意的行為表現。不過即便如此，席勒的在校成績仍然很優異，席勒將之歸功於自己的聰明才智與自信心，這些特質是他人生前三年在母親身邊獲得了情感上的安全感才得以發展出來的。但當這個男孩長到十三歲的時候，他被父親送進軍校，軍校體制的操練讓他承受了非常大的痛苦。他像年輕的尼采一樣患上許多病症，幾乎無法集中精神。有時候他甚至躺在病房裡數星期之久，最後他變成了成績最差的學生。他成績下滑的原因被歸咎於生病。沒有人察覺是因為他在這期間必須待上八年的寄宿學校，那些既不人道又不合理的紀律，讓他的身體與心靈能量全都被耗盡了。對於他的困境，除了生病這種沉默的、百年來都沒人理解的身體語言以外，沒有其他的發聲方式了。

弗里德里希．布爾薛是這麼描述那間學校的：

在這裡，在他最易受到影響的青春年歲，一個年輕、渴望自由的男孩，必須感覺到自己像個囚犯，因為這所學校的窄門只會在必要的散步時間開啟，散步時學生們還必須接受軍事化監督。在這八年之中，席勒幾乎沒有放過一天假，只偶爾有過幾小時的空閒。當時還沒有寒暑假的概念，也不會准予度假。每日的時程都被軍事化排定了。夏天時，大寢室裡的起床號會在五點響起，冬天則是六點。由年輕士官監督著鋪床與梳洗。接著寄宿生們便列隊步行至操場早點名，再從那裡前往餐廳吃早餐，早餐是麵包和麵粉湯。所有動作全都受到指揮，以手勢示意禱告、坐下與列隊出發。七點到中午是授課時間。接下來的半小時，是年輕的席勒最常遭到斥責與被人叫罵「笨豬」的時間：儀容檢查時間。這個時候要穿上制服——黑色翻領的青灰色外衣、白色背心及褲子、綁腿、靴子、軍刀、綴羽飾的鑲邊三角帽。因為公爵（這所學校的創立者）無法忍受紅髮，席勒必須在頭髮上灑上香粉。他還像其他學生一樣戴著長長的假辮子，太陽穴旁則是兩個用石膏黏住的髮卷。學生們穿戴好後，列隊步行至餐廳參加午點名。午餐過後安排的活動是規定的步行與操練，接著從兩點上課到六點，之後又是儀容檢查。剩下的時間則清楚規定了要自習。晚餐後立刻就寢。年輕的席勒被束縛在這件一絲不苟的緊身衣裡，直到二十一歲。

（Burschell, 1958: 25）

席勒一直都因身體不同器官的嚴重痙攣所苦。四十歲時他染上重病，以致他不斷地與死神拔河。還伴隨有精神失常的症狀，致使他在四十六歲時與世長辭。

對我而言，席勒的這種嚴重痙攣絕對可以歸咎於他童年時期頻繁的體罰以及青年時的嚴苛紀律。確切地說，他的囚禁狀態早在進入軍校前，在他父親身邊時就已經開始了。他的父親在席勒童年時系統化地克制快樂的感覺，他父親同時也如此對待自己，並稱之為自律。例如，規定孩子一旦在用餐時感到愉悅，就必須立刻停止進食並離開餐桌。席勒的父親也會這麼做。或許席勒父親是一種特例，他採取的古怪模式，壓抑了所有我們可能稱為「生活品質」的天性。但軍校制度在當時卻是廣泛被使用的，而且被視為普魯士的嚴格教養。很少有人會去反思這種教養的後果。

這些軍事學校所採取的嚴酷監視系統，會讓人聯想到某些與納粹集中營相關的描述。當然集中營裡由國家組織起來的虐待行徑，比起軍校絕對更加歹毒與殘忍，不過集中營和之前幾百年盛行的教育體制有相同的根源（Alice Miller, 1980）。這種計畫性的殘忍行為，無論是發令者還是執行者，他們小時候都曾經歷過責打與其他各式各樣施加於其身的羞辱方式。他們完全學會了將來也可以用同樣的方式，不帶罪惡感也不加反省地施加在臣服於他們力量之下的其他人身上，例如孩童或囚犯。席勒沒有把自己曾承受過的恐怖統治報復在他人身上。不過，他的身體終其一生都承受著童年必須忍耐的殘暴行徑帶來的後果。

當然，席勒並非特例。孩提時代上過這種學校的人有數百萬，如果不想受到重罰或甚至被奪去性命，他們就必須學習沉默地服從權威的力量。這種經驗使他們對第四誡肅然起敬，並嚴厲叮囑下一代也絕對不得質疑權威。因此即使到了今天，他們的子子孫孫依舊堅信責打不會帶來任何傷害，這也就見怪不怪了。

然而，席勒就這方面而言卻是個例外。從《強盜》到《威廉・退爾》等，他所有的作品都不斷地反抗權威施行的盲目暴力，經由他不凡的文筆在許多人心中播下希望的種子，期許這種抗爭有朝一日能勝利。不過在他所有的作品中，席勒不知道的是，他反抗不合理的權威命令，能量是來自於他身體儲存的早年經歷。他為父親那令人費解又驚恐的權力執行模式所苦，致使他開始寫作，但他不可能察覺寫作欲望之下的動機。他只想寫出優美而偉大的文學作品。他利用歷史人物試圖說出真相，而他也非常成功地做到了；只是有關父親帶給他的苦痛，即便到了他早逝的那一天，他對這所有的真相都隻字未提。這對他與社會來說依舊是個祕密，我們的社會幾百年來都相當讚賞席勒，許多戲迷和讀者視他為典範，因為他在作品中為了自由與真相奮鬥。不過真相僅止於社會可以接受的真相。如果有人對席勒說：「你不需要尊敬你的父親。對於曾經那樣傷害過你的人，並不值得你的愛或尊敬，即便他們是你的父母亦然。為了這種孝順的奉獻，你已經用你身體上極至的苦痛付出了代價。只要你不再遵從第四誡，你就有機會解放自己。」如果聽到這番話，勇敢的席勒將會多麼震驚啊！他又會怎麼回應呢？

3 背叛自己的記憶

■ 吳爾芙[20]

二十年前，我曾在《你不該知道》一書中提過維吉尼亞．吳爾芙的故事，吳爾芙與她的姊姊凡妮莎（Vanessa）同樣都在小時候被兩個同母異父的哥哥性侵（Alice Miller, 1998b）。露意絲．德莎佛[21]（DeSalvo, 1990）曾指出，吳爾芙在她那篇幅多達二十四冊的日記中，不斷地提到那段可怕的時期，當時的她不敢向父母透露自己的處境，因為她無法期待父母會支持自己。吳爾芙終其一生都為憂鬱症所苦，但她依舊找到從事文學創作的力量，希望能藉此表達出她所遭遇的痛苦，最終能克服童年和青少年時期可怕的夢魘。不過她的憂鬱症卻在一九四一年戰勝了一切，吳爾芙終究投河自盡。

當我在《你不該知道》一書撰寫吳爾芙的命運時，我缺少了一項重要的資訊，多年後我才獲知。露意絲・德莎佛的研究中曾提到，維吉尼亞・吳爾芙雖然可以透過一樣遭受同母異父哥哥們性侵的凡妮莎得知真相，但她卻根據佛洛伊德[22]的著作開始懷疑起自己記憶的真實性，這些回憶她以前曾直接記錄在自傳式的隨筆文章裡。德莎佛認為，吳爾芙不再像以前那樣把人類行為視為童年經歷的合理後果，而是努力根據佛洛伊德的理論，視為驅力、幻想與願望的實現。德莎佛認為佛洛伊德的著作使吳爾芙完全陷入混亂之中。她一方面清楚知道究竟發生過什麼事，但另一方面她又期盼這些事並不是真的，就像所有性暴力的受害者幾乎都會希望的一樣。最後，吳爾芙寧願接受佛洛伊德的理論，並為這種否認真相的行為犧牲掉自己的記

20 Virginia Woolf（1882－1941），二十世紀初英國女作家，代表作有《自己的房間》。
21 Louise DeSalvo（1942－），美國作家、文學家。
22 Sigmund Freud（1856－1939），奧地利心理學家、精神分析學派鼻祖。

憶。她開始理想化自己的父母，用一種非常正面的角度來描繪所有家人，這是她過去絕不會做的。自從她承認佛洛伊德的理論無誤之後，她變得不穩定、混亂，並且開始覺得自己瘋了。德莎佛這麼寫道：

我確信她自殺的決心因此更堅定了，這個論點也經過了證實……我認為吳爾芙經由佛洛伊德而抽走了她嘗試塑造的因果關係的基礎，她因而強迫自己撤銷她對自身憂鬱症與精神狀態的解釋，也就是認為自己的狀態可能歸咎於童年的亂倫經歷。但她卻跟隨著佛洛伊德的理論，因而去考慮其他的可能性。也許她的記憶是扭曲的。倘若這些記憶並沒錯，那麼更有可能就是她願望的投射而非真正的經驗。或許發生過的事情，本身就是她想像的一種產物。（DeSalvo, 1990: 155）

如果維吉尼亞・吳爾芙擁有一位知情見證者，可以和對方分享她對於年紀還那麼小就遭受到的殘忍情況的感覺，或許可以避免她的自殺。但她身邊卻沒有這樣的人。她又將佛洛伊德視為專家，因而導致了她的誤判。佛洛伊德的文章使她不知所措，以致於她寧可對自己感到絕望，而不是懷疑那位擁有偉大父親形象的佛洛伊德——佛洛伊德是代表當時社會價值觀的人物。

可惜的是，這種標準在多年以後也沒有多大的改善。一九八七年時，身為記者的尼可拉斯・法朗克[23]在德國雜誌《星辰》（*Stern*）的訪談中，提及他永遠不會原諒父親的暴行。他發現這番公開言論引起了許多不滿。法朗克的父親在二戰時期曾擔任過波蘭克拉科夫（Kraków）地區的納粹首長，帶給許多人無法比擬的苦痛。但整個社會卻期待他的兒子寬恕這個大惡人。有人寫信給尼可拉斯・法朗克，說他的父親做過最糟糕的事，就是生下他這種不肖子。

23 Nikolaus Frank（1939－），德國記者、作家，其父漢斯・法朗克（Hans Frank, 1900－1946）在二戰時期是納粹高層之一，戰後因曾參與猶太種族淨化而在紐倫堡大審時被判處極刑。

4 自我仇恨與未滿足的愛

■ 韓波

阿蒂爾．韓波，生於一八五四年，在一八九一年時以三十七歲之齡死於癌症，就在他右腿被截肢的數月之後。伊夫．博納富瓦[24]描述韓波的母親是一個冷酷又無情的人。就這點而言，所有相關說法應該都相同：

韓波的母親是個虛榮、高傲、頑固、乏味又心懷仇恨的人。她源源不絕的能量來自於全然的、沾染上盲目迷信的虔誠信仰，就這方面而言她可說是個典範。由她在約莫一九〇〇年時寫下的令人咋舌的信件中甚至可以看到，她對於滅絕，也就是死亡的深深著迷。就這點而言，我們怎能不聯想到她熱衷於所有與墓地相關之事呢！她在七十五歲的時候，要掘墓人把自己沉降入墓穴內，也就是那個她日後將會被安葬的、介於已故的孩子維塔利和阿蒂爾之間的墓穴，以便預先體驗一下夜晚的滋味。（Bonnefoy, 1999: 17）

對一個聰明又敏感的孩子來說，在這樣一個女人身邊要如何成長呢？我們可以在韓波的詩作中找到答案。博納富瓦在韓波的傳記裡是這麼描述的：

她竟嘗試利用各種方式來阻止與中斷這種不可改變的發展，任何一絲尋求獨立的希望或任何自由的預兆，都必須在萌芽時就被扼殺。這些覺得自己猶如孤兒的男孩們，他們與母親的關係解離成恨意與依附。享受不到愛的韓波，因此陰鬱

24　Yves Bonnefoy（1923－），法國作家。

地認為，這都是他的錯。他以自己全部的無辜力量狂野地反抗母親對他的審判。（Bonnefoy, 1999: 17）

韓波的母親將孩子完全置於她的控制之下，並稱之為母愛。她那已覺醒的兒子看穿了這個謊言。他發現母親永無止境的瑣碎關懷與愛無關，但他不能全然容許自己的這種觀察，因為身為孩子的他必定需要愛，至少是愛的幻象。他不能恨那個表面上非常關心他的母親，於是他將他的恨意對準了自己，無意識地堅信著那些謊言和冷漠是自己應得的。他被這種厭惡折磨著，將之投射在所居的小省城上，投射在虛假的道德上，並像尼采一樣投射到自己身上。他一輩子都試著藉由酒精、大麻、苦艾酒、鴉片以及到遠方旅行來逃離這種感覺。青少年時期他曾兩度逃家，不過每次都被帶了回去，重回母親的「照顧」。

他的詩作不只反射這種自我仇恨，也有對於愛的追尋，也就是他在生命之初就完全被拒絕給予的愛。幸運的是，韓波後來在求學時期遇到了一位仁慈的老師，這位老師正好就在他青春期這決定性的年歲，給予他陪伴與支持。這位老師的感情和信任，啟動了韓波的寫作和他的哲學思想。不過即便如此，童年依舊繼續束縛著他。他試著將他對未滿足之愛的絕望，透過有關真愛本質的哲學觀察來解決。不過這些概念只停留在抽象的階段，因為即使他在理智上排拒傳統道德，但在情感上仍舊是道德的忠僕。他可以自我厭惡，但不能憎恨他的母親。若不摧毀那協助他童年得以存活下去的希望，他就無法聽到自己童年記憶的傷痛訊息。韓波一再地寫道，他只能依賴他自己。在這樣一個並非給予他真愛而只會帶給他干擾與虛偽的母親身邊，這個小男孩能學到什麼呢？他的人生是個了不起但也是徒然一場的嘗試，他試著透過所有能使用的方式，來拯救自己逃離母親所造成的毀滅。

童年時期有過與韓波類似際遇的年輕人，或許也是基於這個理由而被韓波的詩作吸引，因為他們能在其中模糊地感受到同樣的靈魂。

韓波結交上保羅・魏崙[25]，在文學史上是眾所皆知的事。韓波對於愛與真正溝通的渴望，起先似乎在這段友誼當中獲得了滿足。但與某個所愛之人親近時就會浮現出來的那源自童年的猜疑，再加上魏崙自身也有困難的過去，讓兩人之間的愛無法永存。最終，他們逃向毒品，使兩人無法生活在他們所追尋的完全率直之中、彼此造成了許多精神傷害。魏崙最後扮演起如同韓波母親般的毀滅性角色，在喝醉酒後甚至用槍攻擊韓波，並為此在牢裡服了兩年的刑期。

為了挽救「真正的愛」，也就是童年時錯過的愛，韓波透過博愛來尋找愛，也就是透過體諒、同情他人。他想要給予別人他自己從未獲得的。他想去了解他的朋友、幫助魏崙了解自己，但童年時壓抑的情緒總讓這些嘗試落空。他在基督教的博愛中找不到解決辦法，他那執拗的聰慧不容許他自我欺騙。他就這樣不斷地追尋著自己的真相，但真相對他一直隱而不顯，因為他很早就學會為了母親對他做過的事而仇恨自己。他覺得自己像個怪物，他的同性戀傾向則是個罪行（維多利亞時代很容易如此看待同性戀），他的絕望是罪。但他卻不准許自己將那未曾終止的、合理的憤怒指向其來源之所，也就是將盡其所能兒子困在她牢籠裡的那個女人。韓波終其一生都企圖逃離這個牢籠，他曾透過吸毒、旅行、幻想以及詩作等方式逃離，其中又以詩作最甚。但在這所有企圖打開解放之門的絕望嘗試中，有一扇最重要的門依舊關閉著：通往他童年的情緒現實、通往這小小孩的感覺，他沒有提供保護的父親，而必須在一個嚴重妨礙他的惡毒女人身邊成長。

韓波的傳記正是一個生動的例子，身體如何必須終其一生地去追尋早期錯失的真正滋養。韓波被驅使去哺餵一種匱乏、一種永遠不會停止的飢餓。他吸食毒品、強迫性的旅行以及與魏崙的友誼，不僅可以詮釋為從母親身邊逃離，也是在追尋母親拒絕給他的滋養。由於這種內在的現實必須留存在無意識中，韓波的人生受到強迫性重複驅力的影響。在每次逃離失敗之後，他又重回母親身邊，就連他與魏崙分開以及他走到生命盡頭時亦然；當時的他已經犧牲掉自己的創造力，而且早已放棄

25　Paul Verlaine（1844－1896），法國象徵主義詩人。

寫作多年，因而間接地應允了母親的要求成為一個商人。雖然韓波過世前的最後那段時間，是在法國馬賽的醫院裡度過的，但在這之前他卻是和母親與妹妹一起住在羅克（Roche），他在那裡接受她們的照顧。韓波對母愛的追尋，終究是消逝在童年的牢籠裡。

5 被囚禁的孩子與否認痛楚的必要性

■三島由紀夫

日本知名作家三島由紀夫在一九七〇年時切腹自殺，享年四十五歲；他常稱自己是個怪物，因為他覺得自己心中有著病態的、性慾反常的傾向。他的幻想圍繞著死亡、世界的黑暗面以及性暴力。另一方面，他的詩作則點出了一種不尋常的敏感，顯示他必定在童年悲慘經歷的重負下相當痛苦。

三島是家中的長子。一九二五年他出生時，新婚不久的父母與祖父母同住在一個屋簷下——這在那年代的日本是很常見的。三島幾乎是一出生就被他年屆五十的祖母帶到了她自己的房間。他的小床就放在祖母的床邊，三島住在這個房間裡，長年與外面的世界隔絕，只能任憑祖母需索。三島的祖母罹患嚴重的憂鬱症，她偶爾爆發的歇斯底里會嚇到這個孩子。她輕視自己的丈夫以及兒子，也就是三島的父親，但她會用自己的方式溺愛這個孫子，要求這個孫子只屬於她，其他人不能插手。三島在他自傳性的記載中憶述到，他與祖母共用的房間很悶，味道很難聞。但他卻沒有提到憤怒的情緒或他對處境的任何反抗，因為對他來說這似乎是正常的。四歲時，三島染上一種被診斷為「自體中毒」的重病，這種病後來被證實是慢性病。當六歲開始上學後，他第一次認識了其他孩童，他卻覺得身處同儕之中很奇怪、很陌生。這是很自然的，三島和這些情感自由、而且有不同家庭經驗的孩子相處，當然會有所困難。九歲的時候，三島的父母搬進自己的公寓，但沒有帶上自己的孩子。這個時期的三島開始寫詩，他的祖母非常支持他的創作。十二歲時，三島終於回到父母身邊，他的母親也非常自豪於他的作品，但父親卻撕掉了他的手稿，因此三島被迫偷偷寫作。他連在家裡也找不到體諒與接納。祖母希望把三島養成一個女孩，而父親卻企圖用嚴厲的責打讓他轉成「真正的男人」。因此，他常常去找祖母，對他來說，此時的祖母是他逃離父親虐待的庇護所。在這段時期，祖母帶他去看戲。這為他打開了一扇通往新世界的門扉：感覺的世界。

我認為三島的自殺是在表達，他無力去經歷幼年時對祖母行為的反抗、憤怒以及不滿的感覺。他永遠無法表達這種感覺，因為他對祖母充滿了感謝。在他的孤寂中，相較於父親的行為，祖母顯然是三島的拯救者。他真正的感覺保存在他對祖母的依附牢籠裡；他的祖母從一開始就是為了自己的需求而剝削這個孩子，甚至（可能）包含了性方面的需求。不過，三島的傳記作家在這方面照例隻字未提，而三島本人直到最後，也就是他死前，亦未曾提過。他不曾正視自己的真相。

有各式各樣的說法解釋三島切腹自殺的理由。但最接近真相的原因卻很少被提及。畢竟，我們認為對父母、祖父母或代理他們之人應表示謝意，其實是非常正常的，即便因他們而受了苦亦然。這是我們接受的道德中不可或缺的部分。但這種道德把我們的真實感覺以及天生的需求掩蓋住了。我們稱這些律則為道德，只要屈從於它、視之比人生更崇高，無論它其實阻礙了我們真正的人生，那麼重病、早逝與自殺便是合理的結果。這些例子將繼續發生，而且寰宇皆然。身體不會反抗這些道德，它唯一能使用的語言就是病症，因此只要對童年真實感覺的否認不被看清，此病症就無法被理解。

十誡中有很多戒律如今仍適用。但第四誡卻與心理學的原則背道而馳。強迫的「愛」會造成非常多的傷害，這點絕對有必要讓眾人知道。童年被愛著的人不需遵循任何戒律就會去愛他們的父母。遵循戒律絕不可能是愛的基礎。

6 在母愛中窒息

■ **普魯斯特**

任何人如果曾花費相當長的時間完全遁入馬塞爾．普魯斯特的世界，都會知道這位作家能帶給讀者的感覺、敏銳、意象與觀察有多麼豐富。普魯斯特為了寫出他所經歷的豐沛印象，年復一年地寫著《追憶似水年華》這部鉅作。為什麼他不將這種經歷貢獻於生活呢？為什麼他在完稿後才兩個月就過世了呢？而且為什麼是窒息而死？最常見的答案是因為他患有氣喘，最後併發肺炎。但他為什麼會罹患氣喘呢？他早在九歲時就經歷了第一次的氣喘嚴重發作。是什麼迫使他罹患這種病？他難道不是有深愛他的母親嗎？他可以感受到母親的愛，或相反地必須一直和猜疑對抗呢？

事實上，他在母親過世後才能夠寫下他自身所觀察、感覺與思考的特別世界。有時候，他會覺得自己是母親難以忍受的負荷。他永遠無法向母親展現他真實的樣貌、想法與感覺。這點可由他寫給母親的信件中清楚看見，我會把信件內容節錄在後文中。母親用她的方式去「愛」普魯斯特。她非常關心他，但她希望能決定他的所有大小事、支配他的人際關係，即便到了十八歲仍對他發出禁止令。她希望普魯斯特能以她需要的方式依賴、順從著她。普魯斯特偶爾會試著抗拒，但同時又柔弱地、某些時刻甚至是絕望地，為他的違抗感到抱歉，因為他太害怕失去母親的鍾愛了。普魯斯特雖然一輩子都在追尋母親的愛，但卻必須藉由內心退縮來保護自己逃離母親不斷的掌控與權力需求。

普魯斯特的氣喘病是對困境的表達。他吸入了太多空氣（「愛」），而且不被允許吐出過剩的空氣（掌控）——也就是他不能反抗母親要他吸進去的東西。的確，他傑出的作品可以幫助他表達自己，並藉之豐富讀者的心靈。但他長年承受身體的苦痛，是因為他無法完整地意識到自己那位不可抗拒的、支配的、需索的母親帶給他的痛苦。顯然直到生命的盡頭，他主要關心的都是分離出他對內化母親的感覺，而且他相信必須避免看清真相才能保護自己。他的身體不接受這種妥協。身體知道真相，或許它從普魯斯特出生時便知悉了。對普魯斯特的身體而言，母親的操控與無法抗拒的關懷，從來就不是真愛的表達，反而是一種害怕的信號。普魯斯特的母親珍妮特（Jeanne）是一個非常保守、溫順、典型的「好」中產階級家庭的女兒，她對兒子特殊的創造力感到害怕。珍妮特非常注意要扮演好一個名醫、教授的妻子，並受到社會大眾的欣賞，社會大眾的評價對她而言非常重要。她認為普魯斯特的獨特性與活力是一種威脅，她用盡辦法讓這種威脅在世界上消失。而她那個敏感、纖細的孩子並沒有忽略這些，但他必須沉默很長一段時間。直到母親死後，他才得以公開他精確的觀察，並批判當時的中產階級社會，在他之前沒有人這樣做過。他沒有批判自己的母親，雖然她正是一個活生生的例子。

就在他的母親過世後，也就是普魯斯特三十四歲的時候，他在給蒙泰斯屈

26的信中寫道：

> 她知道我沒有她就活不下去……從此刻開始，我的人生失去了它唯一的目的、它唯一的甜美、它唯一的愛、它唯一的慰藉。我失去了她，她那永不終止的警覺在帶給我唯一的人生甘露，在平靜與愛中……我被所有痛楚浸濕了……誠如照顧她的護士所說的：在她眼中，我永遠都只有四歲。（節錄自Mauriac, 2002: 10）

這段有關普魯斯特對母親之愛的敘述，反映出他對母親悲劇性的依附，這種依附讓他不可能解脫，而且不留任何空間讓他可以公然反抗那持續的監控。他的氣喘病如是傳達出他的困境：「我吸入這麼多空氣，並且不被允許將之吐出，她給我的一切**一定**（*muß*）都是為了我好，即便我會因此窒息。」

回顧普魯斯特的童年故事，可以釐清這場悲劇的根源。它說明了為什麼普魯斯特會如此長時間地摯愛著母親，且無法從她身邊脫離，即便他絕對是因此而受苦。

普魯斯特的父母在一八七〇年九月三日結婚。一八七一年七月十日生下他們的長子馬塞爾．普魯斯特，那是發生在法國奧特伊（Auteuil）一個相當不平靜夜晚的事，當地居民依舊陷落在普魯士入侵的驚愕之中。我們很容易就能想像，普魯斯特的母親幾乎無法擺脫當時籠罩的焦躁不安，無法專注而慈愛地面對新生兒。可想而知，這個嬰兒的身體感覺到了不安，並且開始懷疑自己是不是受歡迎。在這種情況之下，孩子理應需要比他當時所獲得的更多安撫。對某些嬰兒，這種匱乏可能會造成極大的恐懼，為他日後的童年帶來重負。普魯斯特很可能就是這樣的例子。

普魯斯特的整個童年，如果沒有母親的睡前吻就無法入睡，但這種強迫性的需求越被父母——與周圍的其他每個人——覺得是丟臉的「壞習慣」，這種需求就越強烈。像其他的孩子一樣，普魯斯特一定想去相信母親的愛，但不知怎地他似乎無法擺脫儲存在身體裡的記憶，他的身體牢記著他一出生後母親的雜亂情緒。睡前吻

26 Robert de Montesquiou（1855－1921），法國詩人、畫家。

可抹去這種身體最初的、強烈的感知。但到了第二天晚上，疑慮又會再度報到。而且，母親晚上不斷地造訪樓下的沙龍，更喚醒了孩子心中的這種懷疑，讓他覺得對母親而言，那些資產階級的雅士淑女都比他還要重要。畢竟，與這些人相比，他是多麼渺小啊！他就這樣躺在床上，等著他所期待的愛的信號。然而，他不斷地從母親所接收到的，是勸誡他要舉止良好、行為乖巧、以及「正常」。

長大成人後，普魯斯特出發上路去研究這個世界，他要研究把他母親對他的愛偷走的世界。他的作法是先積極地投入沙龍活動，後來，他母親過世後，他在幻想之中以一種罕見的熱情、精準與敏感來描寫這個世界。就好像他做了一趟偉大的旅行，最終是為了解答這個問題：「媽媽，為什麼那些人全都比我有趣呢？妳難道不知道他們的空虛、他們在裝模作樣嗎？為什麼我的人生、我對妳的渴望、我對妳的愛，對妳來說是這麼沒有意義呢？為什麼我不過就一個麻煩呢？」

如果普魯斯特可以有意識地經驗到自己的情緒，他或許會產生這樣的想法。但他想當個聽話的男孩，不想製造問題。因此，他投入母親的世界裡，而這個世界開始吸引他。他可以用詩的語言自由地描繪這個世界，也可以不受阻撓地批評它。而這一切，他都是躺在床上做的。他在床上做了趟幻想之旅，病床就像是他的庇護所，可以保護他不被自己揭露的殘酷分析所傷，也不會受到他深怕的處罰。

對作家而言，他可以利用小說人物來表達現實中永遠也無法傳達給父母的真實感覺。普魯斯特過世後才發表帶有強烈自傳式的小說《讓・桑德伊》（*Jean Santeuil*），克勞德・莫里亞克（Claude Mauriac）[27]視之為撰寫普魯斯特傳記青少年時期的資料來源；我們可以發現普魯斯特在小說裡更加直接地表達他的困境，讓我們了解普魯斯特其實感覺到父母的排拒。普魯斯特敘述：

> 這孩子本性中的極度不幸、他的健康狀態、他那容易悲傷的性格、他的揮霍癖、他的惰性、他不可能在生命之中獲得一席之地，以及浪費他的聰明才能。

27 Claude Mauriac（1914－1996），法國作家、記者。

（Proust, 1992: 1051）

普魯斯特又在同一本小說裡展現出他對母親的抗拒，但依舊是偽裝成書中的主人翁，讓・桑德伊：

> 他對自己的憤怒倍增至比對父母的還要多。但他們才是他焦慮、他殘忍的無所作為、他的啜泣、他的偏頭痛、他失眠的真正原因，他真想做些事去傷害父母，或者他更希望不去接受每當母親走進來夾帶的咒罵聲，他想告訴她，他要放棄所有工作，他將會每天晚上都到別的地方去睡，而且他認為他的父親很愚蠢……而這一切只因他覺得需要反擊，並且把那些母親曾對他做過的壞事，用刀劈劍砍的言詞反擊回去。這些他無法說出口的言詞埋藏在他心中，像種無法排出的毒藥般傳布至四肢，他的手腳顫抖著，騰空抽搐，它們在尋找著某種獵物。（Proust, 1992: 362）

相反地，普魯斯特在母親過世後，只將愛表達了出來。他那帶著懷疑與強烈感覺的真實生活究竟留在哪裡了呢？一切全都轉化成了藝術，而這種逃避現實的行為則以氣喘病付出了代價。

一九〇三年三月九日，普魯斯特在一封給母親的信中寫道：「我沒有任何喜樂的要求，我很早以前就已經放棄它了。」（Proust, 1970: 109）一九〇三年十二月，他又寫道：「不過，至少我以依妳所願而成的人生計畫向夜晚發誓……」（Proust, 1970: 122）其後又在這封信內寫道：「因為我寧願病發而讓妳滿意，也不願引妳厭惡而無病。」（Proust, 1970: 123）普魯斯特在一九〇二年十二月初寫的一封信裡的一段話，就身體與道德之間的衝突來說相當特別：

> 事實是，只要我一覺得舒適，妳就會毀掉一切，直到我再度覺得不適，因為這種讓我病況好轉的人生會刺激到妳……但可悲的是，我無法同時擁有妳的好感以及我的健康。（Proust, 1970：105）

普魯斯特在《追憶似水年華》裡有段關於瑪德蓮蛋糕的著名段落，敘說的是一段少有的幸福片刻，當下的他在母親身邊感到很安心、很安全。他十一歲大的時候，某天散步時被淋得又濕又冷，母親擁抱了他，給了他一杯熱茶和一塊瑪德蓮蛋糕。沒有任何斥責。這顯然足以讓這孩子暫時不再害怕得要死，那種恐懼可能自他出生以來就潛藏在他體內，並與他認為父母不是真的想要他生下來的不安全感有關。

由於父母經常的責備與批評性的言論，使潛在的恐懼不斷地被重新喚醒。這個聰明的孩子心裡或許會這麼想：「媽媽，我對妳來說是個負擔。妳希望我是另一種樣子。妳常常這麼對我表現，而且也一再地說出來。」身為孩子的普魯斯特無法用言語表達這些想法，他恐懼的原因依舊沒有任何人知道。他獨自一人躺在房間裡，等著母親愛的證明，以及對於為什麼她希望他是另一種樣子的解釋。這事實讓人沉痛。痛楚顯然強烈到無法去感覺，他的探究與疑問被宣告為「文學」，並且被放逐至藝術的國度。普魯斯特依舊拒絕解開他人生的謎團。我認為小說名字裡的「似水年華」一詞，是在質疑他沒有活過的人生。

持平而論，普魯斯特的母親不會比當時大部分的母親更糟糕，而且她絕對是用自己的方式在關心兒子的健康狀態。只是我無法認同那些傳記作家異口同聲地大力稱讚她為人母的品質，因為我不認同他們的價值體系。例如，其中一個傳記作家寫道，普魯斯特的母親是一個為兒子犧牲自己的美德模範。或許可以這麼說，普魯斯特早在母親身邊就學會了不去享受自身的喜樂，但我認為這樣的人生觀並不值得贊許，而且也稱不上美德。

引起普魯斯特身上嚴重病症的，是永懷感恩的義務以及永遠不可能去反抗母親的控制和束縛。迫使普魯斯特壓抑反抗之心的，就是內化的道德。

如果他可以像自己筆下的主人翁讓・桑德伊那樣，以自己之口與母親對談，那麼或許他就不會罹患氣喘病，不會承受窒息發作之苦，不需要大半輩子躺在病床上度過，而且也不會那麼早死。普魯斯特在給母親的信中是那麼清楚地寫道，他寧願生病，也不願背負受到母親厭惡的風險。就算在今日，這種形式的表達也並不少見。我們需要做的是，清楚了解這種情感盲目會造成什麼後果。

7 感覺分裂的大師

■喬伊斯

詹姆士．喬伊斯在蘇黎士動了十五次的眼睛手術。他不被准許看到的、感覺到的是什麼呢？在他的父親過世後，喬伊斯在一九三二年一月十七日給哈里特．蕭爾．韋弗[28]寫了下面一封信：

我父親非常喜愛我。他是我認識的人之中最糊塗的，但他也有非常精明的一面。直到嚥下最後一口氣之前，他都想著我、唸著我。我總是很喜歡他，我本身是個罪過，甚至可以說是他的錯誤。我的著作中有好幾百頁以及許多人物都要歸功

於他，他那些乾巴巴（或者應說濕答答）的笑話和他臉上的表情，常常讓我捧腹大笑。（Joyce, 1975: 223）

相較於這種將父親理想化的描述，詹姆士．喬伊斯在母親過世不久後，於一九○四年八月二十九日給妻子的信中說道：

> 我該如何喜歡家這個概念呢？……我認為我的母親是被父親的虐待、長年憂慮以及我玩世不恭的率直行徑慢慢害死的。她躺在棺材裡時，我看著她的臉——一張灰白、被癌症摧毀的臉——我發覺自己看到了一名受害者的臉，我咒罵那個讓她成為受害者的「體系」（作者註：是體系，而非理想化的父親！）。我們家共有十七名兄弟姊妹，我的弟弟妹妹對我來說毫無意義。只有一個弟弟能夠了解我。

28 Harriet Shaw Weaver（1876－1961），英國社運人士，長期提供喬伊斯金援。

（Joyce, 1975: 56）

母親生了十七個小孩、父親則是個殘暴酒鬼，對這個家中的長子來說，究竟在這些與事實相符的字句背後隱藏著多少苦痛呢？這些苦痛並沒有表現在喬伊斯的作品裡；相反的，我們可以看到他藉由出色的挑釁散文來防衛。這個經常遭受毆打的孩子，不得不佩服父親的滑稽，並在長大成人後將之轉化寫成了文學作品。我將喬伊斯的小說所獲得的偉大成就，歸功於非常多人讚賞的這種在文學與人生裡的情緒防衛形式。我在《夏娃的覺醒》（*Evas Erwachen*）一書裡已經透過法蘭克．麥考特[29]的自傳式小說《安琪拉的灰燼》（*Angela's Asches*）討論過這種現象了。

29 Frank McCourt（1930－2009），愛爾蘭裔美國教師暨作家，其處女作《安琪拉的灰燼》出版於一九九六年。

【第一部】

後記

應該有無數人都遭受了類似的經驗，但以上我探討的幾位世界知名作家的事實真相，可以透過他們的作品與傳記來檢驗。這幾位作家全都忠於第四誡，並且尊敬帶給他們沉痛的父母。他們將自身的需求，即對真相、忠於自我、真正的溝通、理解與被理解等需求，全都奉獻給了父母的祭壇，滿心期望著因而被愛、不再被拒絕。他們與作品中呈現出來的真相是分離的。第四誡把這種沉重的負擔強加在他們身上，並把他們留在否認的牢籠裡。

這種否認導致了重症與早逝，證明了當摩西說人們尊敬父母便能更長壽時，他從根本上就是錯誤的。至少我在本書提出的案例就與這種威脅背道而馳。

當然，也有許多一輩子都將自己父母理想化的人，他們即便曾受到父母虐待，仍活得很久。不過，我們不知道他們如何解決自己的非真相。大部分的人會無意識地將之傳給下一代。就某方面來說，我們知道上述提到的作家已經開始猜測自己的真相。但他們在孤立的狀態與始終袒護父母的社會之下，找不到勇氣放下他們的否認。

社會壓力的效果有多強大？這點每個人都可自己去經驗。如果某人在長大成人後認清了母親的殘忍並且公然地談論，他將會從四面八方（包括心理治療師）聽到這樣的回應：「是的，但她也很苦，她做的所有事都是為了你。你不應責怪她；你不應用非黑即白的觀點，只從單方面的角度來看事情。沒有十全十美的父母。」提出這種論點的人，其實會讓人覺得他們是在為自己的母親辯護，但對方其實根本沒有攻擊他們的母親啊！他只不過是在說自己的母親。這種社會壓力，遠比我們想像的更大。因此，我希望我對這些作家的探討，不會被當成是在批評他們缺乏勇氣。這是在述說人們的悲劇，他們確實感覺到了個人的真相，但因為孤立無援而無法予承認。我寫這本書的用意，便是希望能減少這種孤立現象。在心理治療中，我們也常常見到成年人身上出現了他們孩提時的孤獨。畢竟，心理治療本身常常也受到了第四誡的約束。

第 II 部

心理治療中的傳統道德與身體的知識

缺少了童年時的記憶，
就猶如你被判了刑
身邊始終拖著一個箱子，
但卻不知道內容物為何。
隨著年紀越大，
這個箱子就越沉重，
而且你也會越按捺不住
想要去打開它。
——尤瑞克．貝克[30]

30 Jurek Becker（1937－1997），前東德作家。小時候曾被拘留在拉文斯布魯克（Ravensbrück）與薩克森豪森（Sachsenhausen）的集中營。他對此完全沒有任何記憶。終其一生他都在尋找那個在集中營的極端殘暴之下，由於母親的照顧而存活下來的小男孩。

【第二部】

導讀

我在第一部描述的作家都活在十八世紀中期到二十世紀中期。自那之後，發生了哪些變化呢？除了童年曾遭受身體上或「只」在心靈上受虐的某些受害者會去尋求心理治療，幫助自己擺脫最原初的傷痛所造成的後果之外，其實並沒有多大變化。然而，不只是受害者，他們的心理治療師也一樣，常常對看清童年的所有真相有所顧忌。如果個案能真正經驗他們的情緒，有意識地感覺情緒，並能對某人吐露這些過去從未允許說出的情緒，有可能就能讓症狀出現短暫的好轉。但只要心理治療師本身依舊效力於某個「神」（父母形象），無論是耶和華、阿拉、耶穌、共產黨、佛洛伊德、榮格31等，他就不太可能在通往自主的道路上協助個案。第四誡的道德規範常會使得雙方動彈不得，而受害者的身體則將為犧牲付出代價。

如果我今天宣稱這種犧牲並非必要的，人們可以擺脫傳統道德與第四誡的不平等條約，而不必為此受到懲罰或傷害他人，那麼我很可能會被人批評為天真的樂觀主義。一輩子都守著這種束縛，而且這種束縛曾一度對他的存活是不可或缺的人，他現在已經無法想像一個沒有這種束縛的人生，我如何能向他證明他是可以擺脫束縛的呢？我可以說，我透過破解了自己的故事而成功地獲得自由，但我必須承認自己並不是個好例子。畢竟，我花了超過四十年的時間才抵達目前所在之地。但還是有其他的例子。我知道有人在非常短的時間之內就成功地挖掘出記憶，由於揭開了自己的真相，他們離開了過去躲起來保護自己的孤獨藏匿處。我的這趟旅程之所以持續了那麼長的時間，是因為我多年來都必須一個人走這段路。直到接近終點時，我才找到了所需要的治療陪伴關係。

31 Carl Jung（1875－1961），瑞士心理學家、精神病學家、榮格心理分析創始人。

我在路途上，遇到了一些也在追尋自己故事的人。他們想了解自己為什麼必須保護自己、是什麼讓他們害怕，以及這些恐懼與早年經歷到的嚴重傷害如何影響了他們的一生。他們大多和我一樣，必須對抗傳統道德的獨裁專制。不過他們並不是全然孤獨一人的。已經有很多書籍、團體可以幫助他們更輕易地解放自我。一旦他們證實了自己的感知之後，便可以不再迷惘，而且當他們接近自己的真相時，也能允許去接納自己的憤怒與驚駭。

亨里克・易卜生[32]曾使用「社會棟梁」（Stützen der Gesellschaft）的說法，指那些從自身所處的權力位置上得利於社會虛偽的人們。我希望那些認清自己故事且已經擺脫傳統道德的謊言的人們，可以成為未來社會的意識覺醒的棟梁。如果沒有覺察到我們人生最開端所發生的事情，那麼在我眼中，整個文化組織就是一場鬧劇。作家希望創作出優秀的文學作品，但他們卻不去追尋看清自身創造力的無意識來源，以及自己對表達與交流的慾望。他們大多數都害怕如此一來會喪失寫作能力。我在很多畫家身上也發現到類似的恐懼——有些甚至在我眼裡看來，非常明顯地將他們無意識的恐懼呈現在畫作之中：這類畫家，例如法蘭西斯・培根[33]、耶羅尼米斯・博斯[34]、薩爾瓦多・達利[35]，以及許多其他的超現實主義派。他們雖然透過自己的畫作努力尋求溝通，但卻是在一個自喻為藝術的層面上，維護他們對童年經歷的否認。將藝術家的人生故事納入作品觀察裡，這在藝術產業裡是項禁忌。但我認為正是無意識的故事，一再地激發出藝術家的新表達形式（Alice Miller, 1998b）。對藝術家與社會來說，此故事必須保持隱密，因為它可能會揭穿早期因教養而遭致的苦痛，並導致「敬愛你的父母」這項戒律遭到蔑視。

幾乎所有社會機制都參與了這種對真相的逃避。畢竟，這些機制是藉由人們而運作，對大部分的人來說，光是「童年」一詞就讓他們覺得害怕。這種恐懼感四處

32 Henrik Ibsen（1828－1906），挪威劇作家。
33 Francis Bacon（1909－1992），英國畫家。
34 Hieronymus Bosch（1450－1516），荷蘭畫家。
35 Salvador Dalí（1904－1989），西班牙畫家。

可見——在精神科醫生、心理治療師的診間，在律師的諮詢室，或在法庭上，其中又以媒體尤然。

一名當地書店的女性職員在我上次造訪時，提到了一個有關兒童虐待的電視節目。這個節目播放了極端嚴重的殘忍案例，其中也包括一位所謂的「孟喬森媽媽」[36]，這位母親是個護士。她帶孩子去小兒科看病時，營造成非常有愛心、非常關切的形象。但在自家，卻故意利用藥物讓孩子們患上她所希望的疾病，最後導致死亡。起初並沒有人懷疑這位母親。書店女職員對於節目邀請的專家們沒有討論這種行為的原因感到非常憤怒——他們反而暗示一切都是命運所造成的，沒有明顯的理由，猶如這是上帝施加在父母和孩童身上的災難一樣。

「為什麼那些專家不告訴我們真相？」她問我。「為什麼他們不說，這些母親在童年時也曾嚴重受虐，而且她們的所作所為只是重複那些曾經發生在自己身上的事？」

我說：「如果那些專家知道了，就會這麼說。但顯然他們並不知情。」

「這怎麼可能呢？」這位婦女堅決地說。「連我都知道，而且我又不是專家。這只要讀一些書就夠了。自從我開始這麼做以後，我和孩子之間的關係就大大改善了。為什麼一位專家可以說極端的虐童案例所幸很少見，還不清楚它的起因呢？」

這名婦女的態度讓我明白我還必須再寫一本書——即便也許需要一段時間才能讓許多人認為這本書可以幫助他們減輕苦難。但我相信現在已經有很多人透過自己的經驗，證實了這本書所揭發的真相。

我想告訴梵蒂岡教廷早期童年經驗的影響深遠，對於那些從生命之初就學會將真實的、自然的感覺強力壓抑下去的男男女女，要喚起他們的同理心是多麼不可能，因為他們真正的自然感覺顯然已在意識心智裡蕩然無存了。他們不再對其他人

36 罹患孟喬森症候群（Munchausen's syndrome）的人會幻想或假裝自己身染疾病，進而傷害自己或他人，以博取同情或引起重視。

的感覺感到好奇。童年遭到心靈殘害的人們儼然活在一個內在的防空洞裡，他們在裡面只能向上帝禱告。他們把自己的責任交付給上帝，乖乖地跟隨著教會的規章，以便不會因任何一點疏忽而被那「慈愛的」上帝懲罰。

海珊在二〇〇三年底被逮捕後不久，由於梵蒂岡的倡議，對於這位肆無忌憚且一直令人害怕的暴君，世界各地突然增加了許多同情之聲。不過我認為我們在批判暴君時，不能單純只因為對他個人的一般同情心，而忘掉他的所作所為。

根據傳記作家朱迪思．米勒[37]與蘿莉．麥爾羅伊[38]在一九九〇年出版的《海珊與波斯灣危機》（*Saddam Hussein and the Crisis in the Gulf*）一書，海珊生於一九三七年四月二十八日，生長在一個靠近提克里特（Tikrit）的農夫家庭，家中生活非常貧困。他們家沒有屬於自己的土地。海珊的生父在他出生之前就已經去世了。他的繼父是個牧人，不斷地羞辱他，叫他「婊子生的」或「狗雜種」，毫不留情地毆打他，用很殘忍的方式折磨他。為了能盡量剝削這個無法獨立的孩子的勞力，直到這孩子十歲為止，都禁止他上學。繼父經常在半夜叫他起床，命令他看管牧群。在這易受影響的年紀，任何一個孩子都會發展出他的世界觀以及對生命的評價。願望在心中滋長著，期待能夠實現。對海珊，這個在繼父手裡的囚犯來說，他的願望只有：凌駕於他人之上的無限權力。或許在他的腦袋中構築的概念是：他只有在對別人擁有了像繼父凌駕於他之上的那種權力時，他才能拯救自己被偷走的尊嚴。他在整個童年時期完全沒有其他模範、沒有其他榜樣，只有全能的繼父與完全聽任暴政擺布的犧牲品。於是長大成人後的他，便根據這種模式在該國組織起集權結構。他的身體除了暴力之外不認識其他東西。

所有獨裁者都會否認曾在童年遭受的苦痛，並且嘗試透過妄自尊大去忘記那些苦痛。不過由於一個人的無意識心智將他完整的故事都刻劃在身體細胞裡，因此終有一日會逼他去面對自己的真相。海珊攜帶巨款尋找避難處時，地點正好位在他的

37 Judith Miller（1948－），美國紐約時報記者。

38 Laurie Mylroie（1952－），美國作家。

出生地附近，他小時候在這個地方從未獲得任何援助，他選了一個根本不可能保護他的危險地區。他選擇躲避追捕的這個地方，反映出他童年的絕望，而且清楚說明了他強迫性的重複。他在童年時，同樣也沒有任何逃脫的機會。

事實證明暴君的性格在他人生的進程中不會有所變化，他會以毀滅的方式濫用他的權力，直到不再有人反抗他為止。因為他真正的、無意識的、隱藏在一切有意識行動背後的目的，依舊沒有改變：透過權力來挽回童年經歷與被否認的屈辱。但這個目的卻從未達成。只要否認當年的苦痛，往事就不會被抹滅，也不會被克服。因此，獨裁者努力去達成的目標也注定會失敗。強迫性的重複會不斷複製本身，會一再有新的受害者為此被迫付出代價。

希特勒利用他個人的行徑，在全世界面前展示了他的父親是如何對待還是個孩子的他：毀滅性的、毫無同情心的、炫耀的、肆無忌憚的、吹噓的、性反常的、自戀的、短視的以及愚蠢的。透過自己無意識的模仿，希特勒依舊忠於父親。獨裁者都是出於相同的理由，例如史達林、墨索里尼、西奧塞古[39]、伊迪·阿敏[40]、海珊等的惡行都非常相似。海珊的一生即是一個突出的案例，在童年遭受極端羞辱的他，日後為了復仇，成千上萬的受害者成為他復仇的犧牲品。我們從這些事實中可以看到的否認也許顯得很荒誕，但造成否認的原因卻不難理解。

肆無忌憚的獨裁者所動員的是，曾被毆打的孩子心中壓抑的恐懼和焦慮，這些孩子從來就不可能指控自己的父親。而且即便承受著苦痛，依舊對自己的父親忠心耿耿。每個獨裁者都象徵著他有這種父親，他完全依附著父親，期望有朝一日能透過自己尚存的盲目，將父親變成一個摯愛的人。

或許是這種期望激發了羅馬天主教會代表們展現出對海珊的同情心。我在二〇〇二年，曾將有關虐待孩童導致的晚發效應相關資料交給梵蒂岡，並請求他們能啟發年輕的父母。我曾向幾位樞機主教尋求支持，不過如前所述，對於那被全世界

39 Nicolae Ceauşescu（1918－1989），冷戰時期羅馬尼亞的獨裁統治者。

40 Idi Amin（1920－2003），一九七〇年代烏干達軍事獨裁者。

忽視但至關緊要的孩童虐待問題，我並未引起任何一位我曾致信的樞機主教顯現出一絲興趣，連任何一丁點基督教憐憫心的跡象也沒顯露出來。而如今他們卻明確展現出他們的確有憐憫之心。但特別的是，他們憐憫之心的對象既非受虐的孩童，也不是海珊的犧牲者，而是針對海珊本人，針對一個肆無忌憚的父親形象，此形象象徵著令人害怕的暴君。

遭到毆打、折磨與羞辱的孩子，如果不曾接受「協助見證者」41的幫助，一般來說日後將會發展出對擁有父母形象之人所做出的殘忍行為的巨大包容心，而且對受虐兒童所遭受的苦痛明顯地冷漠以對。他們完全不想知道自己曾經也是這些孩子中的一份子，冷漠的態度保護他們不必張開雙眼，即便他們深深相信自己的行為是基於人道目的，但依舊會因此成為惡行的辯護者。這些人自小就必須學習去壓抑、否認自己的真實感覺。他們必須學習不去信賴這種感覺，只能相信父母、師長以及教會權威的規定。他們長大後，又因為成人的職責而無暇去體認自己的感覺，除非這些感覺完全符合他們生活於其中的父權價值體系——父權價值體系同情父親，即便是毀滅性的、危險的父親。對暴君的仰慕者而言，只要通往他們自身童年苦痛的入口依舊牢牢封閉著，那麼暴君罪行的規模越大，似乎就越有可能獲得寬恕。

41 見註5

1 虐童的必然性

過去幾年在「我們的童年論壇」（Ourchildhood-Foren）網路平台上閱讀文章時，我一直注意到同一件事。大部分新來的論壇訪客都會寫道，他們已經在這個論壇上看過許多內容了，他們非常懷疑自己是否來對了地方，因為他們在童年時期根本沒遭到虐待過。他們被這裡報導的苦痛嚇到了，他們說，雖然自己童年偶爾會被毆打、蔑視或貶抑，但他們卻未曾像其他在此發聲的論壇成員那樣地受過苦。不過隨著時間的流逝，就連新來的訪客也會開始訴說起自己父母令人憤怒的行為，那些行為完全可以被稱作虐待，其他人也會這麼認為。他們還需要一定的時間去感知童年的苦痛。多虧其他論壇成員的同理心，他們終能慢慢接受自己的真實感覺。

這種現象反映了全世界的人對兒童虐待的態度。虐童最多只會被視為父母所犯下的「無心之過」，父母是出於最好的立意，但教養對他們來說太過艱鉅了。在同樣的論調裡，失業或超時工作會被解釋成父親摑孩子耳光的原因，而婚姻關係緊張則被搬出來解釋母親為什麼會用衣架打小孩。這些荒謬的解釋就是我們賴以為生的道德的成果，這個道德系統從來都是站在成人那邊對付孩子。由這個觀點出發，絕不會感知孩子受到的苦痛。這個認知讓我有了成立論壇的想法，人們可以在此說出他們當時曾遭遇的苦痛，並如同我所希望的，藉此逐步讓世人看見，小孩子在沒有社會支持的情況下必須忍受多大的苦痛。多虧了論壇上的文章，讓人能夠理解恨的極端形式是如何產生的。恨，甚至會讓原本無辜的孩子，在長大成人後將瘋狂的幻想化為實際行動。他們甚至計畫出規模龐大的大屠殺，贊同、執行、辯護並遺忘。

有關童年影響、虐待與侮辱會導致一個非常普通的孩子變成怪物，這個問題一如既往地被大眾忽略了。無論是變成怪物，或將惱火與憤怒的感覺對著自己、因而生病的人，都有一個共同點：他們都會為曾經狠狠責打他們的父母辯護，反擊所有譴責。他們不知道虐待將他們變成了什麼，他們不知道自己為此承受了多少苦痛。

更重要的是，他們也不想知道。他們認為發生在身上的事，全都是為了自己好。

就算是自我療癒的書籍以及心理治療陪伴的各種文獻，也都說著同樣的故事。我們很少看到明確支持、站在孩子這邊的作者。他們總是建議讀者要「跳脫」受害者的角色，不要去譴責那些在他們人生裡做了錯事的其他人，要他們去做真正的自己。讀者讀到的是，這才是能將自己從過往釋放的唯一方法，並且還要和父母維持良好的關係。對我來說，這些建議正顯現了黑色教育及傳統道德的矛盾。而且相當危險，因為這讓曾遭受折磨的孩子置身於迷惘與道德的不確定狀態，他或許一輩子也無法到達真正的成年。

真正的成年也許意味著不再否認真相，意味著去感覺在自己體內壓抑的苦痛，有意識地認出身體在情緒層面記得的故事，並且去統整這些故事，不再需要壓抑它們。至於能不能維持與父母之間的聯繫，則取決於個別情況。最重要的是，要中止對童年**內化的**父母的有害依附關係——我們稱這種依附為「愛」，但它根本不是愛。它是由許多不同的成分組合而成的，例如感謝、同情、期望、否認、幻想、服從、恐懼與害怕受罰等。

我長期研究為什麼有些人的心理治療見效了，而有些人雖然歷經了長年的精神分析或心理治療，卻仍然深陷在自己的病症之中，無法擺脫？我詳查所有案例，我能夠確知當人們獲得治療的關注和陪伴，讓他們發掘自己的故事，讓他們自由地表達對父母行為的憤怒，他們才能脫離受虐兒的毀滅性依附。身為成年人的他們才能更自由地形塑自己的人生，而且不再需要去記恨父母。相反的是，被心理治療師敦促要去遺忘和原諒，且相信著寬恕真的能引起療效的案例，他們依舊被束縛在孩童時的姿態中，孩子認為要愛父母，實際上卻是一輩子都持續受到內化的父母控制與破壞（以疾病的形式）。這種依附關係**有利於恨的發展**（*begünstigt den Haß*），恨雖然被抑制住了，但仍舊十分活躍，而且會導致人們去攻擊無辜的對象。我們只有在覺得完全無力時才會去恨。

我收過上百封能證明我論點的信件。有位患有過敏症、名叫寶拉的二十六歲女性寫道，她小時候每次叔叔來訪都會對她性騷擾，而且當著其他家族成員的面前無禮地觸碰她的胸部。同時，這位叔叔卻是家庭成員中唯一會去注意她的人。叔叔會在登門拜訪時與她相處。沒有人出手保護寶拉。當她向父母控訴時，父母卻說她自己不該准許叔叔這麼做。父母沒有站在她這邊，而是把責任推到這個孩子身上。後來叔叔罹患了癌症，寶拉並不想去看他，因為她現在依然很生這個老人的氣。但她的心理治療師卻認為，寶拉日後將會懊惱自己的排拒，而且在這個困難時期，她沒必要去觸怒家人。這對她沒有任何好處。因此，寶拉去拜訪了叔叔，壓抑自己真正的憤怒感覺。叔叔過世後不久，這段被性騷擾的記憶產生了完全不同的東西，她現在甚至能感覺到對這位已故叔叔的愛。她的心理治療師對寶拉非常滿意，寶拉自己也是：愛治癒了她的恨意與過敏症。然而，她突然出現了嚴重氣喘的症狀，呼吸困難，她完全無法理解為什麼會罹患新的疾病。她已經淨化自己了，她已經能夠原諒叔叔，而且也不再對他懷恨於心了。那麼為什麼會遭到這種懲罰呢？她以為這次發病是在懲罰她過去的不滿與憤怒的感覺。後來她讀了一本我的書，發病成了她寫信給我的契機。當她一放棄對叔叔的「愛」，氣喘就消失了。這個例子是服從，而不是愛。

另外有位女士在接受了幾年的精神分析治療後，腿部出現疼痛的症狀，她對此感到很驚訝，醫生也找不到疼痛的原因。最後，內科醫師認為可能還是心理方面的問題。她從幾年前開始對她所謂的幻想進行精神分析，幻想內容是她過去遭到父親的性侵。她非常樂於相信精神分析師的說法，這只是想像而不是真實的記憶。但所有推測都無法幫助她了解，為什麼她的腿會有這種疼痛症狀。當她最後中斷精神分析後，腿的疼痛十分令人詫異地消失了。腿痛對她而言是種信號，即她身處在一個她無法「舉步離開」的世界。她想要逃離那位精神分析師以及其誤導的——以及正在誤導他人的——詮釋，但卻不敢這麼做。這段時間，她的腿痛是為了阻礙逃跑的需求，直到她決定中斷精神分析，同時不再期冀望精神分析能提供任何幫助為止。

我在這裡試著描述的與父母形象的依附，指的是是與施虐父母之間的依附。這種依附阻礙了我們去幫助自己。我們童年未獲得滿足的自然需求，日後將會轉嫁到心理治療師、伴侶以及我們自己的孩子身上。我們無法相信，這些需求真的被父母置之不理或甚至是被毀掉了，因此我們才需要去壓抑它們。我們希望那些現在和我們有關聯的其他人，終將會滿足我們的請求，理解、支持、尊重我們，並且替我們做出艱鉅的人生決定。由於這種對否認童年現實的期望會不斷滋長，因此我們無法拋棄它們。如前所述，不能透過意志的行為去拋棄。但如果我們決定接受自己的真相，它們就會逐漸消逝。這並不是件簡單的事，多半都會伴隨痛楚。但這是有可能辦到的。

我們常常可以在論壇觀察到，每當社團裡有人對自己父母的行為報以憤怒的反應時，有一些人會感到很生氣，雖然他們根本不認識對方的父母，讓他們生氣的其實是從發文帳號那裡聽到的。但是控訴父母的行為，與完全認真看待事實是兩回事，後者會喚醒那小孩心中對於懲罰的恐懼。因此，很多人寧可將他們從前的感知保持在壓抑的狀態下，不去看見真相，理想化父母的行為，用寬恕的想法妥協。不過，他們依舊被束縛在孩童時的期望態度之中。

我在一九五八年開始了我的第一次精神分析。現在回頭看的話，我覺得我當時的精神分析師受到了傳統道德的強力滲透。但我卻無法察覺，因為我自己也是隨著同樣的價值觀長大的。當然，這意味著我無法認清自己曾是個受虐兒。為了找出這個事實，我需要一個見證者，此人必須已經走過這條路，而且不再認同我們社會中對兒童虐待的常見的否認行為。在過了四十多年以後的今天，這種態度依然並非不言而喻的。那些宣稱站在兒童這邊的心理治療師，他們的說詞多半都處在一種「矯正」的態度，他們完全沒有覺察到，自己是因為從未反思事實才有這種態度。雖然有些治療引用了我的著作，並且鼓勵他們的個案要用正確的方式對待自己，而不是去迎合其他人的要求；但我從讀者的身分來看這些治療師的報告，會覺得他們給了個案一些根本不可能遵循的建議。我會視為一段個人歷程的產物的，卻被當作需要矯正的性格缺陷。我們被告知要尊重自己，要評量自己的特質，以及我們應該要這樣與那樣。設計了一大堆幫助人們重獲自尊的方法。但他們心中卻設下障礙抵抗這些方法。據我看來，人們無法評量自己、不懂尊重自己、不能隨意使用自己創造力的關鍵在於：他沒辦法自發地放下障礙。這些障礙是每個人經歷了自身故事的產物。他們想要了解自己為什麼會變成現在這個樣子，就必須盡可能精確地認識自己的故事，而且需要在情緒上有所投入。當他理解了事實，而且也能去感覺自身故事的意涵時（而不只是在知性上有所獲得），也就不再需要任何建議了。只有知情見證者能陪他們一同走上通往自身真相的道路，在這條道路上他們將會樂於看到自己一直以來所期待但又必須忘記的東西：信賴、尊重以及對自己的愛。我們必須放棄期待父母有朝一日將會給我們那些他們在我們童年時扣著不給的東西。

這是為什麼迄今只有少數人能夠真正踏上這條道路，其他許多人則滿足於他們的心理治療師所提供的建議，或讓宗教的概念阻礙自己去發現自身真相。我在前文中指出，恐懼是決定性的原因。但我也相信當兒童虐待不再是社會的禁忌時，這種恐懼將會變少。受害者否認虐待的存在，正是因為這種出自幼年的恐懼。因此，他們讓真相完全被遮掩。但如果當年的受害者開始敘說曾經發生在自己身上的事，心理治療師也會被迫去認知現實。不久前，我聽到一位知名的德國精神分析師公開地宣稱，他在問診時很少遇見童年曾受虐的受害者。這種說法令人相當詫異，因為我不認識任何飽受精神疾病之苦而且想接受治療的人，是在童年連被打或被羞辱都沒經歷過的。雖然這種形式的羞辱幾千年來都被低估了，而且無論在過去或現在都稱作教養措施，但我會稱之為「身體**及**心理的虐待」。這或許不只是定義的問題，不過在這種情況之下，定義卻是關鍵的。

2 感覺的旋轉木馬

不久之前，我路過一座給兒童乘坐的旋轉木馬，我站在那裡好一會兒，一同享受孩子們的喜悅。在這些大多是兩歲左右的孩子們臉上映照出來的，主要的是喜悅的感覺。但有些孩子也能明顯感覺得到恐懼，他們就這樣坐在轉盤上，在沒有人陪伴的狀況下用這種速度旋轉著。這種恐懼混雜著已經「長大」的驕傲，他們可以坐在旋轉木馬上繫著安全帶的小車子裡。其他的感覺可能包括：好奇著接下來會怎樣，不安地尋找父母站在何處。我可以看見所有這些感覺在不同時刻是如何變換的，我也觀察到一些意外的動作會引起激動的回應。

我離開了那個地方之後，自問：當一個兩歲小孩的身體被有性需求的成年人濫用時，這孩子會發生什麼事呢？我到底為什麼會有這種想法呢？或許是因為那些孩子表達的喜悅透露著一股緊張，一種夾雜著喜悅的不信任感。我心想這快速旋轉的東西可能會讓他們的身體覺得有些陌生、不習慣以及感到不安，他們的臉才會在離開旋轉木馬之後顯得不安而迷惘；這些孩子全都緊抓著父母不放。我便想到或許這種形式的快感根本不適合這種年齡，這麼小的小孩在心智或心靈上根本就還不適合。這種人工製造出來的遊戲設施，讓商人靠它賺錢。我回到我的命題：如果一個小女孩被性侵的話，她會有什麼感覺呢？如果小女孩幾乎不怎麼被母親觸碰，而母親之所以拒絕碰觸自己的女兒，是由於母親自己在童年的遭遇，因而將所有示愛親暱的感受都隱藏了？那麼，小女孩會非常渴望被碰觸，以至於她會將幾乎任何形式的身體接觸都視為在滿足她迫切的願望一樣，心懷感激地接受了下來。不過這個孩子總會模糊地察覺她原本的性質、她對真正的溝通以及對溫柔碰觸的渴望，其實是被父親剝削了，如果她的身體被用來自慰或是被用作證明成人權力的工具。

這小女孩也可能深深壓抑下她的失望、悲傷與憤怒等真實的感覺，這些感覺是由於未履行的承諾以及自然天性受到背叛而引起的。同時她可能會繼續依附著父親，因為她無法放棄那個希望——希望父親有朝一日會遵守第一次擁抱她時的承諾，將她的尊嚴還給她，並展示讓她知道何謂愛。因為除此之外，在這女孩周遭沒有任何人對她做過任何愛的承諾。不過這可能會是個毀滅性的希望。

這可能導致這女孩在長大後飽受自殘之苦，而且必須尋求心理治療的協助，因為讓自己疼痛是使她唯一有愉悅感的方式。事實上，自殘是她唯一能有所感覺的方式，這是由於父親的侵害導致她幾乎扼殺了自己的感覺，而且現在的她並無法使用這些感覺。又或者這個女人會像德國作家克莉絲蒂娜・麥爾（Kristina Meyer）在一九九四年出版的《雙重祕密》（*Das doppelte Geheimnis*）中描述的一樣，她的生殖器罹患濕疹，帶著一大堆症狀前去尋求治療，這些病症明顯指出她小時候曾被父親性侵。麥爾的精神分析師雖然沒有立刻聯想到，但她真心誠意地陪伴著麥爾，直至麥爾能從完全的壓抑中取出那段被父親殘忍而野蠻地侵害的過去。這整個過程在嚴謹的精神分析治療中持續了六年之久，其後還有團體治療以及其他的身體療法。

如果從一開始，精神分析師就能將生殖器上的濕疹視為孩童身體曾被剝削的明示，那麼治療過程或許可以縮短。十六年前的分析師，似乎仍不太可能辦得到。麥爾的分析師認為，如果在建立起一段好的分析關係之前，就讓她面對真相，她可能會承受不住。

我以前或許會贊同這樣的想法。但根據我後來的經驗，我會傾向於認為，要對過去曾被施虐的孩子說出我們清楚看到的事情以及給予陪伴，揭露這件事永遠都不會嫌太過早。克莉絲蒂娜・麥爾以一種罕見的勇氣與自己的真相搏鬥，她值得從一開始就被人在黑暗中看見並陪伴她。她一直夢想有機會能讓精神分析師抱抱她、安慰她。但她的精神分析師卻忠實地跟隨著學校的教導，一次也沒有滿足麥爾這個無害的心願。如果她曾這麼做了，或許她能讓麥爾深信一個重要的訊息：世上有種溫柔的擁抱是會尊重人與人之間的界線，且翻轉她在這世上是孤單一人的感覺。時至今日，已經有許多種身體治療方法可使用了，一位小心、敏感的精神分析師固執的拒絕滿足病人的碰觸欲望，或許已很少見。然而，就精神分析的角度來看的話，這絕對是符合邏輯、依照規範的。

我現在要回到本章的原點，回到那個孩子們玩旋轉木馬的畫面。在我眼中，他們的臉上除了透露喜悅以外，也有恐懼與不適。將之與亂倫相比，當然不能一概而論。它是我突然想到的念頭。那是小孩與成年人常會遭遇到的矛盾情緒，絕對要認真看待這個事實。當小孩和成年人相處，如果成年人從不試著弄清自己的感覺，會製造出一團混亂和極度的不安。為了逃離這種迷惘又不安的感覺，我們只能抓住解離與壓抑的機制。我們感覺不到恐懼，我們愛著我們的父母，我們信賴他們，而且試著無論如何都要滿足他們的期望，讓他們對我們感到滿意。直到長大成人後，這種恐懼又出現在我們的伴侶身上。我們並不了解這種恐懼。我們就像童年時一樣，為了被愛而無聲地接受他人的矛盾。但身體卻顯示出它對真相的需求，並在我們仍舊不願去承認那個曾遭受性侵孩子的恐懼、憤怒、不滿與驚駭時，製造出病症。

無論怎麼努力，我們也無法找出在過去童年時發生了什麼情況，如果我們忽略了當下與那些情況的交戰。只有解決了當前的依附，我們才能修復過去的傷痕。唯一的方法，就是清楚看見並排除那最早的依附關係所造成的後果。舉例來說，有個名叫安德烈亞斯的中年男子，從幾年前開始為體重過重的問題所苦，他懷疑這個折磨他的症狀與他和父親之間的關係有關。他小時候，父親既專制又會施虐。但他無法解決這個問題。為了減重，他嘗試了所有可能的方法，遵照所有醫生的處方；而且他也能感覺到自己童年時對父親的憤怒。但這一切都沒有幫助。安德烈亞斯偶爾會情緒失控：他會怒罵自己的小孩，雖然他並不願意這麼做；他會對著伴侶大吼大叫，雖然他也不願意這麼做；他靠著酒精來冷靜自己，但他不認為自己是個酗酒者。他希望能與自己的家人和睦相處，酒能幫助他控制住激烈的怒氣，而且也能讓他有種舒服的感覺。

在我們的一次談話時，安德烈亞斯提到，他無法讓父母改掉沒有事先以電話通知，就突然造訪他家的毛病。我問他是否曾表達過他的想法，他激動地回答我說，他每次都會說，但都被父母拒絕了。他的父母覺得自己有權來坐坐，因為這是他們的家。我很驚訝地問，為什麼他們會說那是他們的家，接著我才知道安德烈亞斯確實租了他父母的房子。我問他，難道沒有一間房子是他可以用同樣或者稍微高一點的租金租到，讓他不要再依賴父母，並避免他們隨時突襲以及佔用他的時間。這時他的眼睛瞪得大大的。他說他從未想過這個問題。

這聽起來很不可思議。但並不然，如果我們知道這個男人依舊被束縛在童年的處境，在這種狀態下，他必須服從租給他房子的父母的權威、意願與力量，並由於害怕父母將他趕出去而看不到出路。這種恐懼如今依舊伴隨著他；他一如往常地吃得過多，即便是在他努力節食的時候也一樣。他對正確「滋養」——也就是不要依賴父母、照顧自己的身體健康——的需求是如此強烈，其實只能用一種適當的方法去滿足，而不是藉由暴食來獲得。食物永遠也無法滿足這種對自由的需求。暴飲暴食的自由並無法止住對於自主的飢餓感。它不能取代真正的自由。

在安德烈亞斯與我道別之前，他堅定地說：「我今天要去刊登一則徵求租屋的廣告，我非常確信自己不久後就可以找到一間房子！」才過了幾天，安德烈亞斯就告知我，他已經找到房子了，比起他父母的房子，他更喜歡這間，而且他需要付的租金還更低。為什麼他要花這麼久的時間才想到這個解決辦法呢？因為住在父母房子裡的安德烈亞斯懷抱著希望，他希望有朝一日能從父母身上獲得自己童年時期極度渴望的東西。但父母在他小時候拒絕給予的，就算在他長大成人後也不可能會給他。父母依舊待他如自己的財產，當他表達自己的心願時從未傾聽，對於他投入金錢改建房子而沒有獲得任何回饋一事，他們認為這是理所當然的，因為他們是他的父母，而且他們有此權力，安德烈亞斯也是這麼想的。直到他和一位知情見證者對談後，他才張開了雙眼，而我就是那個供他使用的知情見證者。直到此刻，他才意識到他讓自己像小時候一樣被壓榨，而且還認為必須為此心懷感激。現在的他有能力放下幻想，也就是相信父母終有一天會改變的這個幻想。幾個月後，安德烈亞斯寫了封信給我：

當我說要退租的時候，我的父母試著讓我有罪惡感。他們不想讓我走。當他們發現無法再強迫我的時候，他們提議要降低房租，並且還給我一部分我投入的金錢。這時我發現，受惠於此協議的人不是我，而是他們。對於這些所有的建議，我一項也沒接受。不過這整個過程並非沒有痛苦。我必須張開眼睛清清楚楚地看到真相，而這是很痛的。我感覺到那個孩子的苦痛，我曾是那個孩子，這個孩子從沒被愛過、從未被傾聽、從未被關注、一直讓人壓榨，永遠只是等待著、盼望著，期待會有轉變的一天。現在發生了一件神奇的事，我越去感覺，我的體重就越減輕了，我不再需要依賴酒精來掩飾自己的感覺了。我的腦袋變得更清晰。偶爾當怒氣來襲時，我知道它的對象：不是我的小孩，不是我的妻子，而是我的母親與父親，我現在可以抽走對他們的愛了。我意識到這種愛與我被愛的渴望沒什麼不同，它從未得到滿足。我必須放棄它。突然間我不再需要像以前吃得那麼多了，我也比較不會覺得疲累，我的精力又再度為我所用，這也顯示在我的工作上。

漸漸地，我對父母的憤怒減弱了，因為我現在會為自己做我所需要的事，而不再等著他們去做。我不再強迫自己去愛他們（何苦呢？），不再害怕他們死後我會像我妹妹預言的有罪惡感。我猜他們的死亡將會帶來一種解脫，因為隨之被迫要表現出虛偽的樣子也不再了。不過我現在也已經開始嘗試去脫離這種強迫了。我的父母讓我透過我的妹妹得知，我給他們的信越來越實際和真實，他們因而感到痛苦，因為這些信沒有以前的那種情感。他們希望我能回到我以前的樣子。我辦不到，而且我也不想這麼做。我不想再繼續扮演他們在那齣戲裡強迫我要扮演的角色了。在一段很長的探索之後，我終於找到了一位心理治療師，他給我的印象很好，我希望在他那裡可以像和您對談時那樣，開誠布公地說話，不要體諒我的父母，不要掩飾真相，即便是我自己的真相也一樣，而我尤其高興的是我做出了離開那間房子的決定，那間房子將我綁在那些永遠也無法達成的希望上，綁了那麼久。

我曾經為一場質疑第四誡的討論會作過引言，我問道，曾對童年的我們施以虐待的父母，我們對他們的愛是由什麼組成的？答案不用長思便很快出現了。各式各樣的感覺被舉出來：對年老的、多病之人的同情；感謝從他們那裡獲得生命，以及那些沒遭到鞭打的日子；害怕成為壞人；相信必須原諒父母的行為，否則就不是真正的大人等。那是一場激烈的討論會，會中各人提出的意見都相互質疑。其中有一位名叫魯絲的女性與會者，以一種出人意料的堅定態度說：

我可以用我的人生證明第四誡是場騙局。因為自從我不再受制於父母的要求，不再去滿足他們那些說出口或未說出口的期待之後，我覺得我比以前任何時候都更健康。我的病痛消失了，我不再被孩子們激怒，現在的我覺得那一切都是因為我想遵從第四誡所以才會發生，這對我的身體一點好處也沒有。

魯絲認為第四誡之所以有力量可以操控我們，是因為它支撐著恐懼感與罪惡感，這些感覺是父母很早就灌輸在我們身體內的。在魯絲認清了自己其實根本不愛父母的不久之前，她有很大的焦慮。她想去愛父母，而且她和父母都被這種愛的感覺欺騙了。一旦她接受了自己的真相，恐懼便離她而去了。

我想很多人可能都會有同樣的感覺，如果有人對你說：「你不必愛你的父母，不必尊敬他們。他們曾經傷害你。你不需要強迫自己去感覺自己感覺不到的東西。

強制和強迫從來就沒衍生出什麼好東西。就你的狀況來說，強制和強迫會引發毀滅；而你的身體將就此付出代價。」

這場討論證實了我的感覺，我們有時候一輩子都服從著一種幻象，以教育、道德或宗教之名強迫我們去忽視我們與生俱來的需求。它壓抑、對抗這些需求，導致最後以生病的方式付出代價，我們既無法了解這些疾病的意義，也不願去了解，並且試著以藥物來控制病症。當病患藉由心理療程讓被壓抑的情緒覺醒了，因而有幸成功地找到通往真實自我的入口，就像戒酒無名會發揮的激勵作用一樣，有些心理治療師就會把這歸於「更高的力量」。他們藉此讓我們相信每個人都有與生俱來的信心：相信自己有能力去感覺什麼是對自己是好、與什麼是不好的。

在我自己的例子裡，這種信心從一出生時就被父母丟了。我必須學習用我母親的雙眼去看、去評判所有我感覺到的事物，而我自己的感覺與需求則被扼殺了。因此，我感覺自己的需求與滿足需求的能力嚴重喪失。舉例來說，我必須花掉我這輩子四十八年的時間才發覺我有繪畫的需求，並且允許自己去滿足這種需求；最終，確立了這種需求。要我接受自己有權不去愛我的父母，花的時間則更久了。我越來越清楚地察覺，努力去愛某個損及我人生的人，對我的傷害甚深。因為它讓我遠離了我的真相，強迫我欺騙自己，去扮演一個我從很小的時候就被迫接受的角色——一個「好女孩」的角色，她必須服從那些偽裝成教養與道德的情緒要求。我越忠於自我、越能接受自己的感覺，我的身體就越能清楚地發聲，同時引領我越來越能幫身體表達出它與生俱來的需求。我能夠停止參與其他人的遊戲，停止告訴自己去看父母好的一面，停止再像小時候那樣不斷迷失自己。我可以自己決定要長大了。而且，不再迷惘。

對於我的存在，我不虧欠我的父母任何感激，因為他們根本不希望有我。這場婚姻是雙方家長強迫他們接受的。我被兩個聽話的孩子在沒有愛的基礎下製造出來，他們背負著順從自己父母的義務，並且將一個他們根本不想要的孩子帶到這世上來。祖父母希望他們生男孩，然而他們生下了一個女孩，這個女孩幾十年來都試著盡她所能來讓他們快樂。這其實是個毫無希望的嘗試。不過，身為一個想存活下去的孩子，我除了努力去做之外，別無選擇。我一開始就收到了一項盲從的任務，要給予我的父母肯定、關注與愛，這些都是我的祖父母沒有給他們的東西。如果我的努力成功了，就必須放棄自己的真相，我自身感覺的真相。儘管付出了努力，但我一直有很深的罪惡感，因為我的任務無法完成。除此之外，我也對自己有所虧欠：也就是我的真相。（我開始有這種感覺是在我撰寫《幸福童年的祕密》〔*Das Drama des begabten Kindes*〕一書時，許多讀者都在這本書中看到了自己的命運。）然而，幾十年來我仍然試著完成我父母交付的任務，即使我已成年。我也試著為我的伴侶、朋友以及我的孩子們做這些。每當我試著擺脫拯救其他人脫離迷惘的責任時，罪惡感幾乎快讓我活不下去。我直到人生很後期才終於成功擺脫。

在解除我對內化父母的依附這條路上，拋棄感激之心與罪惡感是非常重要的一個步驟。不過還有其他步驟也必須做到。主要是放棄放棄期望我在和父母的關係裡錯失的東西——開誠布公的情感交流、自由的溝通等——放棄這些終有一天可能會實現的期待。上述這些，也許在我和其他人之間是有可能實現的，但只有在我了解童年的所有真相之後，才有可能。並且，我得理解要和我的父母敞開心扉地溝通是多麼難以想像，以及我小時候因此承受了多大的痛苦。直到那時起，我才找到了可以理解我的人，我能對著這些人敞開心房且自由地表達自己。我的父母已經過世很久了，我可以想像對那些父母仍健在的人來說，這條路更艱鉅。源自童年的期待，可能會強烈到人們願意放棄所有對自己有好處的東西，只為了達成父母對我們的期望，而不失去愛的幻象。

例如，卡爾這樣形容他的迷惘：

我愛我的母親，但她不相信我，因為她把我和我的父親混淆了，我的父親曾折磨過她。但我和我的父親不一樣。她讓我很生氣，但我不想讓她看到我的怒氣，因為如此一來她就能證明我和我的父親一模一樣。但這不是真的。於是，我必須克制住我的怒氣，不要讓她找到理由證明她的想法是對的；之後，我卻感覺不到對她的愛，只剩下恨了。我不想要這種恨，我希望她能以我的樣子來看待我並愛我，而不是像對我父親那樣去恨我。我究竟該怎麼做才對呢？

這個問題的答案是，如果為了讓別人高興而去做事，則永遠無法做出對的事。人只能做自己，而且也無法強迫父母愛我們。這世上有一種父母，只會愛自己孩子的假面。一旦孩子揭下面具，他們常常就會說出前述對安德列亞斯所說的話：「我只希望你回到以前的樣子。」

我們可以「贏取」父母之愛的幻象，只會經由否認已經發生的事情來維持。如果人們決定正視所有與真相有關的部分，並放棄透過酒精、毒品與藥物而培植起來的自我欺騙，幻象便會崩毀。三十五歲的安娜是兩個孩子的母親，她問我：「我媽媽一再地對我說：『除了讓我看到妳的愛，其他的我什麼都不要。妳以前會這麼做的，但妳現在變了。』我該怎麼回答她呢？我想回覆她：『是的，因為我現在覺得以前我沒有真誠對妳。我想當一個真誠的人。』」

我問安娜：「這樣說有何不可呢？」

安娜回答道：「沒錯，我有權利站在我的真相這一方。而且其實她也有權利從我這裡得知她感覺到的是事實。這說起來很容易，但同情心卻阻止了我對母親坦誠相待。我覺得她很可憐。她小時候從沒有被愛過；她一出生就被送走了。她依靠著我的愛，我不想從她身邊抽走這份愛。」

我問：「妳是獨生女嗎？」

「不是，她生了五個孩子，每個孩子都只用他們能做到的方式去伺候她。不過這顯然還不足以填滿那個她自幼就帶著的空洞。」

「所以妳認為妳可以用謊言填滿她的空洞嗎？」

「不，這也是辦不到的。妳說得沒錯。為什麼我要出於同情而給她我根本感覺不到的愛呢？我究竟為什麼要欺騙她呢？這對誰有益呢？我以前一直生病。但自從我覺得在感情與金錢上遭到了母親的勒索，並因此能承認自己其實根本不愛她之後，我就不再生病了。但要告訴她這些，還是會讓我覺得害怕，現在我會自問，我想透過同情給她的是什麼呢？除了謊言之外，並沒有其他東西。我對自己的身體有所虧欠，不能再這樣下去了。」

如果我們願意像我在這裡所嘗試的，正視「愛」的各種成分，「愛」還剩下什麼呢？感謝、同情、幻象、否認真相、罪惡感、掩飾——這些全都是組成依附關係的各種成分，而依附關係常常會造成我們生病，也無法使父母得到任何真正的好處。全世界都把這種病態的依附視為愛。每當我提出這種觀點，總會遇到各式各樣的焦慮與反抗。但當我成功地在討論時更詳細解釋我的意思之後，這種反抗就會快速消逝，很多人甚至會得到令自己也訝異的啟發。我曾遇過一個人說：「沒錯，為什麼我會覺得如果告訴父母我對他們真正的感覺會害死他們呢？我有權利去感覺我所感覺的。這無關乎報復，而是誠實的問題。為什麼在學校的宗教教導裡，誠實被高舉為抽象的概念，但在和父母的關係裡，誠實卻完全被禁止呢？」

是啊，如果我們能誠實地和父母說話，那該有多好啊！至於他們會因此有何感想，這不是我們能控制的。但對我們自己、我們的孩子，以及尤其是那帶領我們通往自身真相的身體而言，這或許是個轉機。

身體的能力一再地讓我感到訝異。身體以一種令人驚訝的毅力與智慧對抗著謊言。道德與宗教上的要求無法欺騙它、混淆它。小孩子被強迫灌輸道德。他是因為愛著自己的父母才會接受道德的餵養，但卻在求學時期就罹患上無數的疾病。當他長大成年後，利用自己出眾的才智對抗傳統道德，或許在這個過程中成為哲學家或作家。但他對自己家人的真正感覺，早在求學時期就被疾病遮掩住了，持續阻礙著他的身體發育，席勒與尼采的狀況即為實例。最終，他成為了父母的犧牲品，把自己奉獻給父母對道德與信仰的想法，即便這位成年人徹底看清了「社會」的謊言亦然。對他來說，要看到自己透過自我欺騙，認清是他讓自己成為了道德的犧牲品，比起撰寫哲學論文或構思大膽的劇作還要困難。但只有發生在個人內在的過程，而不是透過和身體分離的思想，才能在我們心靈裡產生創造性的變化。

幼時能幸運地感覺到愛與理解的人們，將不會有真相的問題。他們可以充分發展自己的能力，而他們的下一代則能因而受惠。我並不知道這些人所佔的比例有多高。我只知道體罰依舊是被建議的親子教養方式；自認為民主與進步典範的美國，有二十二個州依然持續允許學校體罰；他們甚至越來越強力地為家長與教育者的這種「權利」辯護。認為可以靠著身體暴力去教導孩子民主的想法有多荒謬。

我的結論是：沒有接受過體罰這種形式的教養的世人，為數並不多。對於所有接受過體罰的人來說，他們很早就壓抑對殘忍的反抗；他們只能在我稱之為「內在不坦誠」（inneren Unaufrichtigkeit）的狀態下長大。這可以在任何地方觀察到。假設有人在談話時說：「我不愛我的父母，因為他們一直侮辱我。」她將立刻從四面八方得到同樣的建議：如果她想長成真正的大人，她就必須改變自己的態度；如果她想保持健康，她就不能心懷恨意；她唯有原諒自己的父母，才能脫離仇恨；沒有完美的父母——所有父母偶爾都會犯錯，我們必須容忍他們，而這是當我們真正長大成人時就能夠學會的。

這些建議之所以聽起來那麼有說服力，只是因為我們從很久以前就百聽不厭，而且也深信不疑。但事實並非如此。許多這類建議所根據的都是錯誤的先決條件。寬恕可以讓我們擺脫仇恨，這並不是事實。寬恕只會幫忙遮住仇恨，並且（在無意識裡）強化了仇恨。我們的寬容心並不會隨著年齡增長。完全相反。孩子會容忍父母的荒唐行徑，是因為孩子認為這是正常的，而且他們無法保護自己去對抗那些暴行。直到長大成人後，我們才真的飽受不自由與束縛所苦，但這種痛苦卻是他在與其他人的關係裡感覺到的，例如與自己小孩的關係，或是與伴侶的關係。童年對父母的無意識恐懼，制止我們去看清真相。並不是仇恨讓人生病。讓人生病的是壓抑的、解離的情緒，而不是有意識地體驗到的、表達出來的感覺（Alice Miller, 1998〔最後一章〕）。身為成年人，我們只在走不出某種情況時才會感覺到仇恨，也就是無法自由地表達自身感覺的情況中。就是這種依賴，讓人開始去恨。一旦解開了依賴（身為成年人，除了成為一個極權政體的俘虜以外，多半可以辦得到），一旦擺脫奴性的關係，我們就不會再感覺到仇恨（參照II.3）。然而，一旦恨意出現了，像所有宗教規定的那樣去禁止恨意，是沒有用的。我們必須了解恨意，以便對這種行為做出選擇，也就是讓人們擺脫會滋養仇恨的依賴。

對那些從小就與自身真正感覺分離的人們來說，他們當然會依賴教會這類機構，並任其決定自己能有哪些感覺。在大多數例子裡，能感覺的顯然少之又少。可是我無法想像這種狀況竟會一直持續下去。在某時某地，將會出現反抗。當個人起找到勇氣去克服他們可以理解的恐懼，去訴說、感覺並公開自己的真相，而且以此為基礎和他人交流時，這種狀況就會停下來了。

一旦我們知道孩子為了求生，可以召喚多少能量去對付暴行與極度的虐待，事情就突然變的比較樂觀了。然後人們就能輕易地想像，如果這些孩子（像韓波、席勒、杜思妥也夫斯基、尼采等）能將他們那幾乎永無止境的能量，用在其他更有創造性的目的上，而不是為了生存而奮鬥的話，我們的世界可能會變得更美好。

3 身體是真相的守護者

芳齡二十八歲的女子伊莉莎白提供了清楚的示範，她的父母曾帶給她極大的痛苦，而她最終成功地與父母分離。她寫道：

我母親在我小時候嚴重地虐待我。只要有什麼不合她意的，她就會揮拳打我的頭、推我去撞牆、拉我的頭髮。我沒有機會阻止她，因為我從來就無法理解她脾氣爆發的真正原因，好讓我下次能躲開。因此我用盡最大的精力，在母親脾氣來襲的最初階段，就察覺到她最細微的情緒起伏，希望藉由順她的意避免她又發飆。我偶爾能成功地避開，但大多數時候都沒能辦到。

幾年前我得了憂鬱症。我找了一位心理治療師，告訴她許多我童年的事。剛開始的時候一切都很順利，她看起來很認真地傾聽，而我則大大地減輕了負擔。有時候，她會講些我不喜歡聽的話，但我都能像往常那樣不去理會我的感覺，並且去適應心理治療師的態度。她似乎受到東方哲學的強烈影響。起先，我認為只要她能傾聽我的心聲，這應該不會妨礙到我。但沒過多久，這位心理治療師就企圖說服我，如果我不想一輩子都背負著仇恨的話，我就必須與母親和解。我因為非常生氣而終止了心理治療。我告訴過這位心理治療師，我對我母親的感覺，我知道的比她知道的還多。

我只需聆聽自己的身體即可，因為我每次和母親碰面後，一旦壓抑下自己的感覺，都會引發嚴重的症狀。我的身體顯然是無法收買的，我覺得它對我的真相非常清楚；比我自己的意識自我還要清楚，它知道所有我在母親身邊經歷過的事。它不允許我為了傳統規範而折腰。一旦我認真看待並聽從身體傳達的訊息，我就不會再有偏頭痛或坐骨神經痛，也不會再覺得孤立無援了。我找到一些可以讓我訴說童年的人，他們了解我，因為他們也身懷相似的記憶，而我則不會再去尋求心理治療師的協助。如果我可以找到一個能讓我暢所欲言的人，此人不強迫灌輸我道德訓誡，這將幫助我統整我痛苦的記憶，那該有多好啊！不過我終究已經透過幾個朋友的幫助走在這麼做的路上了。我比過去更接近自己的感覺，我可以在兩個談話團體裡表達我的感覺，並且嘗試會讓我覺得舒服的新溝通方式。自從我這麼做之後，我的身體幾乎沒有病痛，也不再有憂鬱症的問題了。

伊莉莎白的信裡看來充滿了信心，所以一年後收到她的另一封信，我並不覺得訝異，信中她告訴我：

我沒有再去尋求新的心理治療，而且我覺得很好。這一年來，我都沒見過我母親，我也沒有這麼做的必要。她在我小時候所做的殘忍行為，那些記憶是那麼的鮮明，致使我不再幻想、也不再期望可以從她那裡獲得我小時候可能非常需要的東西。即便我偶爾會惦念這些，但我知道完全不需要去尋找它們。我並沒有像我的心理治療師所說的那樣心懷恨意。我不覺得自己恨母親，因為我在情緒上不再依賴她了。

之前那位心理治療師不理解這點。她想讓我擺脫我的恨意，她看不到她自己或許在無意間將我推入了仇恨之中，這種仇恨正表達了我過去的依賴，而這種依賴又再次創造仇恨。如果我聽從了那位心理治療師的建議，恨意將會再度浮現。如今，我不再需要承受偽裝之苦。這是為什麼我心中沒有恨了。如果我沒有適時地離開那位心理治療師，我和她可能就必須繼續面對那個依賴的孩子心中一再出現的恨意。

我很高興伊莉莎白找到解決辦法。但那些並不具備這種洞察力與力量的人該怎麼辦？他們真的需要心理治療師在他們尋找自我的路途上給予支持，而不是一再地對他們提出道德方面的要求。心理治療師透過閱讀成功與失敗的心理治療案例，或許可以增加他們的覺察，讓自己能擺脫黑色教育的毒藥，而不會在他們進行治療時不加思索地予以散布。

人們是否應該完全切斷與父母的接觸，這點並非關鍵。從孩童變為成人的這條路，與父母分離的過程，是發生在人的內心之中。有時候為了用正確的方式對待自己的需求，切斷所有與父母的接觸是唯一可行的方法。但如果與父母的接觸仍對我們是有意義的，在有所接觸之前，必須先在心中明白什麼是自己能承受的、以及什麼是不能承受的，我們不只要知道自己身上發生過什麼事，而且也能去評價**該事件對我們做了什麼**，以及造成哪些後果。每個人的人生故事都是不同的，關係的外在形式也會有無止境的變化。但這裡有三個共同因素：

1. 只有當受虐的倖存者為了改變而做出決定，他們決定尊重自己，並且釋放童年的期望時，過去的傷口才可能癒合。

2. 父母不會因為孩子給予他們理解和寬恕，自動而有所改變。只有當父母本身有真正的意願時，他們才可能改變自己。

3. 只要一直否認傷害帶來的痛楚，就會有人為此付出精神和健康的代價——

無論是原先的受害者或是他／她的孩子。

曾受虐的孩子永遠不能長大，他一輩子都試著去看施暴者「好的一面」，將自己的希望寄託於施暴者。例如，伊莉莎白長久以來的心態是：「有時候我母親會唸故事給我聽，那真的很棒。有時候她會對我說心裡的話，告訴我她的煩惱。我就會覺得自己是被選中之人。她在這種時候從來不會打我，因此我也不覺得自己有危險。」這種說法使我想起了因惹．卡爾特斯[42]形容他進入奧斯威辛集中營的狀況。他為了防止恐懼並且生存下去，他在任何事情上都找到正向的一面。但奧斯威辛畢竟仍是奧斯威辛。這套辱人至極的體系對他的內在自我造成了哪些影響？他直到幾十年後才能去衡量與感覺。

我並不是想藉著卡爾特斯以及他的集中營經歷來暗示，如果我們的父母看清了

42　同註四。

自己的錯誤並因此感到歉疚的話，我們不應該原諒他們。父母只有在勇於感覺、並能理解他們施加在自己孩子身上的苦痛時，他們才會看清錯誤。不過這種狀況卻很少發生。較常看到的是依賴關係的延續，而且還常常是反向的。年邁又虛弱的父母會向他們長大成人的孩子尋求依靠，並利用譴責這項有效的工具來獲取同情。可能就是這種同情，從一開始就阻礙了孩子的自我發展——朝向成年的發展。不是父母想要的孩子，將永遠害怕自己的生命需求。

對一個不被人期待的孩子來說，其身體裡儲存了壓抑的知覺，但卻依然精確無比：「他們想殺掉我，我有生命危險。」如果這個知覺變成有意識的，可能就會在成人的心靈消融了。從前的情緒（恐懼、焦慮、壓力等）將轉變成記憶，訴說著：「我**當時**有危險，但如今已經不再有危險了。」通常，這種有意識的記憶，會在我們經驗到過往的情緒或悲傷感受時一同出現，或在它們到來之前出現。

一旦我們學會和感覺一起生活，而不是一直去對抗感覺，我們在自己身體的病症中看到的就不是威脅，而是對我們自身故事有所助益的跡象。

4 我可以說出來嗎？

我仍清楚記得當我在撰寫《你不該知道》一書時，伴隨著我的那種恐懼。當時我正著手研究一項事實，羅馬天主教會竟然可以將伽利略的發現封鎖了三百年之久，當伽利略被迫收回真相時，他的身體以眼盲做為回應。我遭到無力感的侵襲。我確知自己偶然發現了一種潛規則，父母為了報復的需求而毀滅性地利用孩子，而且社會將這個現實列為禁忌。我們不該有所覺察。

如果我決定打破這個禁忌，我會不會遭到最嚴厲的懲罰呢？但我的恐懼也幫助我了解到很多事，其中之一就是佛洛伊德完全是因此而背叛了他的洞察力，為了不去挑戰社會的砥柱、不要被攻擊與驅逐。我現在應該跟隨佛洛伊德的足跡，收回我對兒童虐待的好發性及其後果的理解嗎？我能看到那些完全追隨佛洛伊德的人依舊看不到的點：佛洛伊德的自我欺騙？我記得每當我想和自己協商、嚐試妥協，或自問我是不是只要發表部分的真相時，我就必定會出現身體的病狀。我會有消化不良或者睡眠障礙的問題，並陷入抑鬱的情緒之中，當我知道自己不可能再妥協下去時，這些症狀就消失無蹤了。

在我出版了那本書之後，隨之而來真的是全然的排拒，學術界反對我和我那本書，當時對我來說還是「像自家」一樣舒適自在的學術界。反對聲浪如今依舊存在。但和我童年不同的是，我的人生不再仰賴著「家人」的認同。那本書找到了自己的道路。無論是對外行人或專業人士來說，書中那些當年「被視為禁忌」的見解，如今已是眾所皆知的事情了。我對佛洛伊德的批評已獲得了許多人的贊同，兒童虐待所產生的嚴重後果，也越來越受到大部分專業人士至少在理論方面的重視。我沒有被獵殺，而且還聽到我的聲音振振有詞。那次的經驗使我相信，現在《身體不說謊》這本書也會有被人理解的一天。即使一開始的時候，它或許會令一些人感到震驚，因為大多數人期盼自己父母的愛，並且不願這種期盼被剝奪。不過一旦他們希望去了解自己，那麼他們就能理解這本書了。首先，只要他們察覺，自己並非單獨面對自己的所知，而且他們早已不再有童年的危險時，震驚的反應便會減弱了。

如今已四十歲的尤迪絲，小時候遭到父親以最殘忍的方式性侵，母親從未出手保護她。在她脫離了父母之後，她在心理治療時成功地擺脫了壓抑，並治癒了她的病症。但她對懲罰的恐懼卻仍維持了很長一段時間，她在心理治療之初和這種對懲罰的恐懼是疏離的，而多虧了心理治療她才學會去感覺這種恐懼。特別是因為她的心理治療師認為如果徹底切斷了與父母的聯繫，人不可能變得完全健康。因此，尤迪絲試著和母親對話。但每次都遭到全盤拒斥與譴責。她的母親告訴她：「有些事情是絕對不能對父母說的。」母親責備她牴觸了「敬愛你的父母」這條戒律，這是對上帝的冒犯。

母親的反應讓尤迪絲察覺了她的心理治療師的極限，這位心理治療師同樣被困在一套模式裡，似乎讓她確信自己很明白什麼事是人們必須做、應該做、可以做或不可以做的。尤迪絲又和另一位心理治療師一起努力了一段時間，透過這位心理治療師的幫助，尤迪絲發現自從她不再強迫自己去接受這樣的關係後，她的身體有多麼感謝她。小時候的她別無選擇，必須生活在這樣的母親身邊。母親對她所承受的痛苦完全袖手旁觀，並用刻板的成規去對待這孩子的所有想法。當尤迪絲說出不同於陳腐的觀念，而是她自己全然和真正的事情時，她只會遭到母親完全的排拒。這種排拒對孩子來說就像痛失母親，以及生命有了危險那樣。對這種危險的恐懼並沒有在她第一次接受心理治療時解除，因為她的心理治療師的道德要求不斷給這種恐懼新的滋養。

這與一種非常細微的影響有關，我們通常很少會注意這種影響。這是因為它與我們生活成長的傳統價值觀或多或少是相符的。我們必須遵守第四誡，所有父母都有被尊敬的權利，即便他們以破壞性的方式對待小孩。這種觀念在過去被視為理所當然，而如今多半依舊如此。但人們將會決定脫離這種價值觀，當他們聽到一個成年女性必須去敬愛曾經殘忍虐待她的父親、或沉默地看著她被虐待的母親時，人們將會感到太過荒謬可笑了。

然而，我們卻認為這荒謬之事很正常。就連一般受人尊敬的心理治療師與作者們，他們都還不能與「原諒父母是成功的心理治療的最高榮譽」這種想法分道揚鑣。即便這種信念已不似幾年前那樣有保證效果了，但與之連接在一起的期望卻極多，且包含著這樣的訊息：如果你不遵守第四誡就會倒大楣！雖然這些作者常說不要操之過急，不應該在心理治療一開始時就講寬恕，而應該要先將強烈的情緒釋放出來，但他們堅信病患總有成熟到能去寬恕的那一天。這些專家把這點視為理所當然，認為心理治療讓人最終能全心全意地原諒父母。但我卻認為這種想法是一種誤導。成功的治療目標是釋放痛苦的依賴——不是和解，這種和解通常是基於道德的需求，而非身體的需求。我們的身體不只由心組成，而且我們的大腦也不是一個讓人將宗教課堂上那些荒謬與矛盾灌輸進去的容器。身體是一個對於其所遭遇之事擁有完整記憶的有機體。一個能真正以此洞見而活的人會這麼說：「上帝無法要求我去相信在我眼中看來矛盾並且傷及我人生的事物。」

如果這是必要的，我們可以期待心理治療師去對抗我們父母的價值體系，陪同我們通往我們的真相嗎？如果我們正在接受心理治療，尤其是在我們已能認真看待自己身體所傳達的訊息時，我相信我們能這麼做，甚至必須這麼做。一位名叫達格瑪的年輕女子這麼寫道：

我的母親有心臟病。我希望可以對她好，在床邊和她說說話。我試著盡我可能地常去看她。但每次都會造成我頭痛到無法忍受。我會在夜裡盜汗到汗流浹背地驚醒，接著就會陷入想自殺的抑鬱情緒之中。我在夢裡，看見小時候的自己被當時的她拖過地板，我哭喊著、哭喊著、哭喊著。我該怎麼將這一切拼湊在一起呢？我還是必須去看她啊！因為她是我的母親。但我不想害死自己，也不想生病。我需要有人幫助我，告訴我如何能找到心靈的平靜。我不想欺騙自己，也不想欺騙我的母親，在我對她的謊言裡，我在她身邊扮演著好女兒的角色。我並不想當個無情的人，讓她在生病的時候孤獨一人。

達格瑪在幾年前接受了心理治療，當時她寬恕了她母親的殘忍行為。但由於母親罹患了重病，再度激起她在童年的舊有情緒，她不知所措地面對著這些情緒。她寧願結束自己的性命，也不願不遵守母親、社會以及她的心理治療師的期待。她願意以親愛的女兒的身分去探訪母親，但卻無法在不欺騙自己的狀況下這麼做。她的身體清楚地告訴了她。

我並不是透過這個例子，主張我們不要以愛陪伴父母到臨終。每個人都應該自己決定，怎麼做對他來說才是正確的。但如果我們的身體如此清晰地記著我們曾承受的相關虐待故事，那麼我們就沒有其他選擇。我們必須認真聆聽身體要告訴我們的話。有時候，陌生人反而更適合陪伴瀕死的病人，因為陌生人不曾為這些病人受過苦。他們不需要強迫自己去說謊，他們不需要用憂鬱症來付出代價，他們可以展現出他們的同情心而無須偽裝。相反地，兒子或女兒卻會徒勞地努力製造仁慈和同情的感覺，這些感覺或許會頑強地缺席到底。它們之所以缺席，是因為那已經長大成人的孩子依舊將自己的期望緊緊繫在父母身上。希望至少在最後一刻，獲得臨終父母的接受和肯定，那是他們一輩子都未曾當面感覺過的。達格瑪寫道：

每當我和母親說話時，我就會覺得猶如有毒藥滲入我的身體造成潰瘍。我試著不去看這些，因為看到這些會讓我有罪惡感。然後潰瘍就會開始化膿，而我則變得憂鬱。我試著再度接納我的感覺，並心想我有權去感覺它們、有權去看自己有多憤怒。當我這麼做，當我容許了自己的感覺之後，即便這些感覺很少是正面的，但我卻再度能夠呼吸了。我開始允許自己去停留在真實的感覺之上。如果我成功辦到，就會覺得好多了，更有活力，而憂鬱則消失了。

即便如此，我還是無法放棄嘗試去理解我的母親、接受她的樣子、原諒她的所作所為。我每次都會以憂鬱付出代價。我不知道這種了解足不足以治癒傷口，但我很認真地看待我的體悟——與我的第一位心理治療師不同的是，她希望我一定要改善與母親之間的關係。她無法接受我和母親的關係。我也一樣。但我如何能在不認真看待我真實的感覺時，又能尊重自己呢？如此一來，我將完全不知道自己是誰、以及我重視的是誰了。

我們為了讓年邁的雙親減輕人生重負，或許最終還能獲得他們的愛，而去改變自己的樣子，這是可以理解的。但它與身體所支持的真正需求，也就是忠於自我的需求，完全背道而馳。我認為一旦能滿足這種需求，自尊便會自行發展。

5 寧可殺人，也不願感覺真相

直到不久之前，連續殺人犯的問題都只有精神病學的專家在從事相關研究。這些權威之作很少觸及犯罪者的童年，而且將罪犯視為帶著病態的本能誕生於世。不過這個領域在這幾十年來似乎出現了變化，同時也有更多的理解。二〇〇三年六月八日法國的《世界報》（*Le Monde*）刊登了一篇文章，令人詫異地詳細記載了罪犯帕特里斯・阿萊格里（Patrice Alègre）的童年。他在一九九〇年至一九九七年之間，謀殺了五名婦女又強暴了第六位受害者，而根據極少的細節就能清楚看出，為什麼這個男子會犯下這些讓他餘生要在監牢度過的犯行。要了解他如何變成冷血殺人犯，我們需要的既非複雜的心理學理論，也不是假設他天生邪惡。我們只要觀察一下這個孩子成長的家庭氣氛即可。然而一般人很少能去做這種觀察，因為犯罪者的父母多半受到了保護，他們也不會被判定為共犯。

不過《世界報》那篇文章採取不一樣的觀點。短短幾段，便刻劃了一個無庸置疑會導致成人後犯罪的童年。帕特里斯．阿萊格里是長子，他的父母結婚時相當年輕，他們其實根本不想生小孩。阿萊格里的父親是名警察，阿萊格里在審判過程中說過，這個男人回家只是為了要打他、罵他。阿萊格里很恨他的父親，他會逃到母親身邊，據他說母親很愛他，而他則由衷地願意為母親效勞。他的母親是個妓女，除了專家推測她曾利用孩子的身體亂倫以外，她在接客時他常利用阿萊格里充當把風的角色。阿萊格里必須站在門外，並且在每當有危險發生（可能是盛怒的父親回來）的時候通知她。阿萊格里說，他雖然不是一直觀看著隔壁房間裡發生的事，但他不能關上他的耳朵，他非常痛苦地承受母親不斷的嗚咽與呻吟聲。當他年紀還很小的時候，就看過母親對客人口交的景象，這一幕讓他非常驚慌和恐懼。

或許很多孩子能在這樣混亂的命運中成功地存活下來，而且後來沒有犯罪。孩子通常擁有用之不竭的潛能。有這種童年遭遇的小孩，或許將來也會聲名遠播，就像是最後因酗酒而亡的愛倫·坡[43]，或者像居伊·德·莫泊桑[44]一樣，據說他將自己混亂的童年「改編」成三百則故事。但莫泊桑卻無法阻止自己步上弟弟的後塵（他弟弟比他還早就罹患上精神病），在四十二歲時病逝於精神病院。

帕特里斯·阿萊格里沒能找到任何一個人拯救他離開地獄、讓他看清父母的罪行。因此，他漸漸相信他所處的當前環境就等同於這個世界。他做的所有事情都是為了要在這個世界裡獲得承認，以及透過偷竊、毒品與暴力行為來逃離父母的無限權力。他在法庭上說的話也許是完全真實的，也就是他在強暴的當下絲毫沒感覺到性的慾望，而是對於無限權力的需求。我們只能希望這番供詞將傳遞給司法機構一些訊息，讓他們知道該怎麼做。因為在大約三十年前，德國法院判定讓殺童犯約根·巴曲[45]去勢，他也是受到自己母親在心理上極嚴重的殘害，而法院希望藉由去勢的刑罰能有效地阻止他去發洩對孩童過於強烈的性慾。這是個多麼荒誕、不人道又愚昧的行為啊！（Alice Miller, 1980）

法院最終應該要了解，當殺人犯連續殺害婦女與孩童時，對於曾經感到無力且不受人重視的孩子來說，這就是在滿足他們對無限權力的需求。這種暴行很少關乎性，除非無能的感覺曾和亂倫的經歷有所連結。

即便如此還是存在著一個問題：對帕特里斯·阿萊格里來說，除了殺人，除了在女人嗚咽和呻吟時將之勒斃以外，難道沒有其他出路了嗎？旁觀者很快就能看出，他必須一再地將不同女人身上的母親形象勒斃，這個母親使他承受著童年的痛苦。他自己卻幾乎無法認清這點，因此他才需要犧牲者。直到今日，他依舊聲稱自己愛著母親。因為沒有人幫助他，沒有站在他這邊的知情見證者，幫助他承認自己有希望母親死亡的願望，並能讓他去意識以及理解這個心願。正是這個希望母親死亡的願望在他心中不斷地擴散開來，迫使他殺害其他女性以代替母親。「就這麼簡單嗎？」許多精神科醫生或許會這麼問。我的答案就是這樣——我認為這比強迫

---

43 Edgar Allan Poe（1809－1849），美國作家。

44 Guy de Maupassant（1850－189），法國作家。

45 Jürgen Bartsch（1946－1976），一九六二至一九六六年間犯下多起性侵並虐殺男童案件的德國人。

我們學會敬愛自己的父母，以及不去感覺他們應得的恨，還要簡單得多。不過如果阿萊格里能有意識地感覺到心中的恨意，或許就不會有人被他的恨意所殺了。他的恨意產生自他依附理想化的母親，正是這種依附驅使他去殺人。當他還小時，始終活在父親的致命威脅中，他只能期待母親的拯救。一個不斷受到父親莫名威脅的孩子要如何去承受自己對母親也有恨——或者至少看清無法期待她出手相救呢？這樣的孩子會創造出一個幻象，並且攀附著這個幻象。然而為這個幻象付出代價的卻是他日後的犧牲者。感覺不會殺人。如果阿萊格里有意識地感覺到對母親的失望，他不會殺害任何人，就算有勒斃母親的渴望他也不會殺害任何人。是對這類需求的壓抑、無意識地將對母親的負面感覺完全分離，才會驅使阿萊格里犯下殘酷的罪行。

6 毒品與身體的欺騙

小時候，當我對施加在我身上的傷害產生了自然反應，像是生氣、憤怒、痛楚與恐懼等。否則，我可能會被處罰。後來，在求學階段，我甚至自豪於對這些感覺的控制與抑制本領。我認為這些能力是一種美德，同時也期待我的第一個孩子能得到同樣的訓練。直到我成功地擺脫這種態度之後，我才能夠了解孩子被禁止以適當的方式回應傷害是多麼痛苦；以及在一個充滿善意的環境裡嘗試與自己的情緒相處，將讓孩子在往後的人生裡找到進入自己真實感覺的方向，而不是一直害怕這些感覺。

不幸的是，很多人都和我有類似的遭遇。他們在小時候不能表現出自己的強烈感覺，也不能真的去經驗這些感覺，而日後則渴望著這些經驗。有些人透過心理治療成功地找到並感覺到他們壓抑的情緒。之後這些情緒轉變成了有意識的感覺，人們可以藉由自己的故事來理解這些感覺，而且不需要再畏懼它們。但有些人卻拒絕走上這條路，他們由於自己的悲慘經驗而無法或不願意再相信任何人。在現今的消費社會裡，這些人無法展現他們的感覺，或只有在例外狀況，也就是使用了酒精與毒品之後。否則，他們寧可去嘲諷（別人的與自己的）感覺。諷刺的本領在娛樂與媒體產業常常能獲得很高的報酬，因此人們甚至可以藉著有效地壓抑感覺來賺取大筆的金錢。即便到最後會碰到危機，完全失去與自己的連結，只剩下面具的功能，也就是一個「假想人格」（Als-ob-Persönlichkeit）[46]在運作；人們還是可以使用毒品、酒精、藥物，或其他可供替代的物質。嘲諷的收益很高；錢不是問題。酒精可以維持好心情，而更強效的毒品能達到更大的效果。但由於這種情緒並不是真實的，它們無法連結身體的真正故事，效果是有時效性的。為了將童年遺留下的空洞填滿，所需的劑量將越來越高。

二〇〇三年七月七日德國的《明鏡週刊》（*Spiegel*）刊載了一位年輕男性的文

章，他是一名成功的記者，也為《明鏡週刊》工作，文章裡闡述了他對海洛因的長年依賴。我從這篇報導裡節錄了幾個段落於下，文中的坦率與誠實令我相當動容：

在某些行業裡，為了靈感而吸食毒品是有助於前程的。經理人、音樂家以及其他明星會利用酒精、古柯鹼或海洛因來激發自己。有位長期吸毒的知名記者寫出了他的追尋與雙重人生。

聖誕節前兩天，我試著將我的女友勒死。過去的幾年中，同樣是在歲末的這幾週，我的人生都會一而再地陷入混亂。我從十五年前開始與海洛因毒癮糾纏不休，時而好些，時而受挫。我已經試著戒毒好幾次，曾經兩次住院接受長期的心理治

46　由心理學家海倫娜·朵伊契（Helene Deutsch, 1884－1982）提出的概念，意指精神病患者在不同環境或對象面前行為判若兩人的人格表現。

療。幾個月前，我又開始每天吸食海洛因，常常還連同古柯鹼。

對這年輕男子而言，平衡就是這麼維持著的。

這次，有將近兩年的時間一切都很順利。當時的我為國內最有趣的報紙撰文，酬勞相當不錯。我在夏天搬進了一間寬敞的舊式公寓。還有，最重要的一點是我又戀愛了。就在那個聖誕節即將到來的特別夜晚，我的女友趴在木質地板上，被我壓著，我的雙手勒住她的脖子。

幾個小時之前，我還拚命地藏住這雙手，並非因為我要克制自己別勒斃她。我當時坐在一間飯店套房裡，採訪某位德國最會吹噓的劇院總監。我從前一陣子開始必須往手背和手指上纖細的血管裡注射毒品。我手臂上的靜脈已經全毀了。那時我的兩隻手就像恐怖片裡的爪子——腫脹、發炎、像被螫過一樣。我只能穿袖子很長的毛衣。還好當時是冬天。那位總監的雙手很修長、很漂亮，那雙手不斷地動來動去，當他陷入思考時，雙手便把玩著我的錄音機，看來那是雙構築出他世界的手。

我很難將注意力集中在訪談上。我必須搭飛機才能抵達這裡，上一劑是在好幾個小時前注射的，就在我上飛機之前。帶海洛因上飛機太冒險了，此外我也試著將使用的劑量至少控制在某個程度上，我每天只購買固定的劑量。這天快結束時，事情變得越來越棘手。我變得緊張不安，忍受著汗水直冒。我想回家。立刻。我的身體盡量將注意力轉移到其他的事物上。不過即便如此，我還是完成了採訪。如果有比不能吸毒的痛苦還令我害怕的事情，那麼就是想到我會丟掉飯碗。我從十七歲起，就夢想要靠寫作來營生。在大約十年前，這個夢想成真了。對我而言，有時候我的工作猶如是人生裡最後僅存的部分。

人生最後僅存的是工作。而工作是種自我掌控。那麼他真正的人生在哪呢？他的感覺在哪呢？

因此，我緊緊攀附著我的工作。每次被賦予工作任務時，擔憂自己無法勝任的恐懼總是吞噬掉我的內在。我也不知道自己是如何辦到的，熬過旅途、進行採訪、寫出文章。

我就這樣坐在這間飯店套房裡，說著話，對於挫敗的恐懼、羞愧、自我仇恨與毒癮啃蝕著我。只要再度過該死的四十五分鐘，你就撐過去了。我盯著那位總監，他正以手勢妝點著他的字句。幾小時後，我盯著的是那雙我勒住女友脖子的手。

或許毒品、恐懼與痛楚都能達到有效的壓抑，讓當事者不必去面對真實的感覺——只要毒品還起得了作用的話。但一旦毒品的效果過去了，那些還沒伸展開來的情緒則會更激烈地反擊。下面的內容亦是如此：

那場採訪結束後的歸途是一場折磨。我在計程車上就已經開始神智恍惚了，我陷入不安而筋疲力竭的淺眠，不斷地驚醒。我的皮膚上蓋了一層冷汗。接著，眼看我就要趕不上飛機了。我還必須再等一個半小時才能吸食，這顯然讓我受不了。我每九十秒就看一次手錶。

毒癮將時間變成了你的敵人。你只能一直等待。不斷地等待，在無止境的重複彎道上，一次又一次。在痛楚之末，等著你的是你的毒販、下一次買毒的錢、戒毒所內的一個位置，或僅只是一天終於又結束了。一切終於結束了。每次注射之後，時鐘又會對著你殘忍而無情地繼續走下去。

或許最陰險狡詐的就是毒癮了——它將所有事物與所有人都變成了你的敵人：時間、你喧囂而渴求的身體、無法使他們不擔心你的朋友與家人、一個只會不斷要求你的世界，而你覺得自己再也無法應付了。沒有任何東西會像毒癮用這種粗魯的方式去建構人生。它對懷疑不留餘地，甚至沒有下選擇的可能。滿足感取決於手頭的毒品量。這世界由毒癮控制著。

我這天下午只離家幾百公里遠，卻猶如到了世界的盡頭。家就是毒品正等著我的地方。我雖然趕上了飛機，卻只能暫時抑制住我的不安。起飛的時間延後了；

我又再度神智恍惚。每次我睜開雙眼看到飛機仍舊停在跑道上，我就不由自主地哀號。毒癮的發作慢慢地爬進我的四肢，啃蝕至骨。我的手臂與雙腳都有撕扯般的痛楚，就像是我們肌肉與肌腱太短了。

被排除的情緒再度獲得了入口，並糾纏著身體。

回到我的公寓後，莫妮卡正在等我。她下午去找過我們的毒販，他是個年輕的黑人，莫妮卡買了海洛因與古柯鹼。我在出發前就已經給她買毒的錢了，這完全是我們的私人交易——我去賺錢，她去買毒。

我痛恨所有毒販；我希望與他們的世界接觸得越少越好。工作時，我限制自己如果有什麼事，要用電子郵件、傳真去和相關的責任編輯聯絡；倘若答錄機裡有不能再拖延的留言訊息，我才會使用電話。我已經很久沒和朋友們說話了；反正我對他們也無話可說。

和過去幾週一樣，我常常在浴室裡一坐幾個小時，試著找到一條還未完全被毀掉的靜脈。吞噬靜脈的主要是古柯鹼；而未消毒的針頭刺出的無數針孔則弄壞了其他血管。我的浴室看起來就像個屠宰場，血痕濺汙了洗手檯、地板、牆壁與天花板。

我這天的戒斷症狀大致解除了。我先吸了約一公克的海洛因——從鋁片下方加熱，而鋁片上的棕色粉末就蒸發了；吸入煙霧，你能吸多深就吸多深。由於毒品的吸收必須繞經肺部，所以要等幾分鐘才會產生效果。猶如永恆。微醺感僅是慢慢地爬升，從容地進入腦袋，救贖的刺激感並未出現。有點像是沒有高潮的性愛。

除此之外，吸入的動作對我來說是種折磨——我有氣喘。不久之後，我的肺就開始發出聲響，每吸一口都像被刀子刺到一樣，使我噁心作嘔。隨著一次次徒勞的注射嘗試，我越來越不安。

我腦中滿是畫面，回憶滿是難以言喻的陶醉狂喜，以及不可置信的緊張感。我憶起了十四歲時如何學會熱愛大麻，因為我突然不只聽到了音樂，就連我的整個身體都能感覺得到。我憶起了LSD迷幻藥如何讓我恍惚地張著嘴，吃驚地站在行人號誌燈前，那燈號的變換在我腦中觸發了一場小小的燈光爆炸。身旁是我的朋友們，他們以一種神奇的方式和我纏在一起。我憶起了我第一次注射毒品，那就像我的第一次性經驗一樣使我著迷：我憶起了海洛因夾雜著古柯鹼如何讓我所有的神經細胞舞動，直到我在引發緊繃之前顫動起來，像是一種由肉與骨製成的巨大中國銅鑼。我憶起了讓一切平靜下來的海洛因效果，像是一種心靈上的柔軟精，像胎兒的胎膜一樣溫暖地擁抱著你……

這位年輕人非常清晰地表達出當他無法吸食毒品時，真正的需求與感覺會以何種力量浮現。匱乏、孤寂、憤怒的真正感覺，卻導致了恐慌，因此必須再度靠著海洛因去對抗這些感覺。同時，毒品操控了身體，讓它「製造」符合期待的正面感覺。當然，同樣的機制也會在使用合法藥物時出現效果，例如精神科用藥或是酒精等。

強迫性的物質成癮會引發災難性的後果，因為這些物質阻斷了通往真實情緒與感覺的道路。毒品雖然可以造成興奮感，激起那曾經由於殘酷的教養而喪失的創造力，但身體無法一輩子容忍這種自我疏離。我們在卡夫卡以及其他人身上看到了，即使是從事創造性的活動，例如寫作或繪畫等，可以暫時幫助人活下去，但只要他還是害怕知曉自己真正的故事，這些活動依然無法打開那道由於早年受虐而封閉的入口，並且無法通往人類真正生命的本源。

韓波是一個令人痛心的例子。毒品無法取代那些他真正需要的情緒滋養，而他身體的真正感覺不會受到欺騙。如果他能遇到一個人，幫助他完全看清他母親的破壞效果，而不是讓他為此一再地懲罰自己，那麼他的人生就會不一樣了。正因如此，他每次試圖逃離都會以失敗告終，而且還一再地被迫回到母親身邊。

保羅．魏崙也像韓波一樣英年早逝，得年五十一歲[47]。他的貧困潦倒，表面上是由於他的毒癮與酗酒的習慣花光了所有的積蓄，但內在的原因則是像許多人一樣

47　關於韓波與保羅．魏崙，請見本書第一部〈自我仇恨與未滿足的愛〉章節。

——缺少了覺察、服膺於通用的戒律、沉默地忍受著母親的掌控與操縱（常常是透過金錢援助）。雖然魏崙在年輕時，期盼可以透過自我掌握和藥物濫用從母親的控制裡解放出來，但最後他還是靠著女人給錢過活，有許多是她們賣淫賺來的。

藥物不是在任何情況下都能起作用，將人由依賴與母親的束縛中解放出來。使用合法的藥物（例如酒精、尼古丁、精神科用藥）常常是為了嘗試填滿那個母親遺留下來的空洞。孩子沒能從母親那裡獲得他所需的滋養，而且事後也無法再找到這些滋養。在沒有使用藥物的情況下，這個空洞就像是生理的飢餓感，就像是自發性的胃部痙攣。或許成癮的基石早在生命之初已然奠定了，暴食症以及其他飲食失調症狀也是如此。身體清楚顯示出，它身為一個小小孩時就迫切**需要的**（*brauchte*）東西。但只要情緒依舊遭到忽視，這些訊息就會被誤解。因此，孩提時的困境被錯誤地當成**現在的**（*heutige*）困境，而所有與現在的困境博鬥的嘗試，都必定會失敗。長大成年後，我們的需求已經不同於當時了，我們能滿足現在這些需求，只要它們不再無意識地與舊時的需求混淆。

7 覺察的權利

有位女性寫信告訴我，她在多年的心理治療中很努力地想要原諒父母在她童年時曾對她身體做的一些嚴重的攻擊。原來她母親患有精神疾病。這個女兒越是強迫自己去寬恕，就越深陷在她的憂鬱之中。她覺得自己猶如被關在監牢裡。只有畫畫能幫助她，阻擋她的自殺念頭，讓她繼續活下去。在一次畫展後，她售出了自己的一些畫作。有幾位代理商給她未來很大的希望。她興高采烈地把這個好消息告訴母親，母親同樣很高興，並說道：「現在妳會賺很多錢，然後就可以照顧我了。」

當讀到這封信時，我想起了一個名叫克拉拉的熟人。她曾像順帶一提似地對我說道，當她快到退休的年紀時，她視退休「猶如第二人生」，但她那喪偶、不過極其健康、且善於經商的父親，對她說：「現在妳終於有足夠的時間來幫忙我的生意了。」克拉拉一輩子都關心其他人甚於關心自己，因此，她完全沒發覺這段話就像在她身上加諸了新的重負。她全程微笑地說著，幾乎是很開朗愉快的。其他的家人也認為她可以接替剛過世的老祕書的職位，現在正是時候，因為她沒事了啊。（可憐的克拉拉除了為父親犧牲自己以外，究竟還能怎麼運用她的閒暇時間呢？）然而才過了幾週，我就聽到克拉拉得了胰臟癌的消息。不久後她就過世了。她罹病期間一直承受著劇烈的痛楚，我試著讓她記起她父親說過的那句話，但並沒辦到。她很遺憾自己由於這場病而無法幫忙父親，因為她非常愛他。她說她不知道為什麼自己會在這個時候遭受到這種疾病的打擊。她過去幾乎從沒有生過大病；大家都很羨慕她的健康。克拉拉是個非常傳統的人，她顯然不太知道自己的真實感覺，因此身體必須發出警訊。但可惜的是，家人沒有幫助她解開身體語言的意涵。甚至連她那些已成年的孩子也完全沒有這麼做，事實上他們也辦不到。

那位畫家和克拉拉不一樣，當她聽到母親對她畫作賣得很好的反應時，她明顯感覺到對母親的憤怒。從那一刻開始，這位女兒喪失了作畫的喜悅，低迷了幾個月，再度陷入憂鬱之中。她決定不要去拜訪母親，或與母親持相同態度的朋友。她不再對熟人隱瞞母親的情況，開始會表達自己真實的想法。這時，她又再度找回了活力以及對繪畫的興致。使她回復活力的，是承認所有關於母親的真相，以及逐步地放下對母親的依附。這種依附是出於同情、期望自己能使母親快樂，為了母親有朝一日能夠愛自己。她接受自己無法去愛母親，而且她現在也清楚知道原因了。

我們很少聽到像這類有正面結局的故事。但我認為這樣的故事會漸漸增加，只要我們成功地看清那曾經在童年深深傷害我們的父母，我們並不虧欠他們任何感謝，更遑論我們是受害者的身分了。我們為什麼要去為了那根本不存在的理想父母的幻象而犧牲自己呢？我們為什麼要緊抓住這段會讓我們想起過往苦痛的關係呢？因為我們希望只要我們找到神奇的話語、做了正確的行為、用適當的方式去理解，有朝一日這種情況將會有所改變。但這卻意味著，我們為了獲得愛而像童年那樣再度扭曲自己。如今，身為成人的我們，知道我們的努力遭到了剝削，這並不是愛。所以我們為什麼要一直期待在童年時不能愛我們的父母，無論他們是出於什麼原因而做不到，最後卻能愛我們呢？

如果我們成地功放棄這種希望，期待也會從我們身上掉落，連同那陪伴了我們一輩子的自我欺騙。我們不再相信以前的自己是不值得被愛的；我們不再相信必須證明我們是值得被愛的。問題的癥結不在我們身上。是我們父母的情況所造成的，是他們將自己經驗過的童年創傷變成了（或沒有變成）什麼。這是我們無法改變的。我們只能過我們的人生，並改變自己的態度。大部分心理治療師認為，改變態度就能改善與父母的關係，因為成年孩子的成熟態度可能會引起父母給予他們更多的尊重。我不能確信這種看法。更確切的說，我的經驗是成年孩子的正向改變很少會引起曾經施虐的父母表現出正面的感覺與讚賞；相反地，他們的反應常常是嫉妒、戒斷症狀，以及希望兒女重新回復以前的樣子：卑躬屈膝、無條件的忠誠、能夠容忍虐待，其實就是憂鬱而不快樂的。成年孩子已覺醒的意識會讓很多父母感到害怕，在很多案例中根本談不上改善關係。不過也是有相反的例子：

有個年輕女人長期以來一直為自己的恨意感到痛苦，最後她終於鼓起勇氣地告訴母親：「我小時候不想要有妳這個媽媽。我恨妳，而且我完全不能覺察恨妳的事實。」她很驚訝地發現不只是她自己，就連她那自覺歉疚的母親也對她的這番話表現出如釋重負的態度。因為她們兩人在內心深處都知道自己的感覺。現在才終於將真相說出口，從此便能建立起一段真誠的全新關係。

強求的愛不是愛。它最多只會導致一段沒有真正交流的「假象」關係，導致一種假裝出來、並非實際存在的真誠，它就像戴著面具遮住了惱怒或甚至是怨恨。它永遠不會變成真心相待。三島由紀夫有部作品叫做《假面的告白》。一張面具如何能真正訴說出隱於其後之人的感覺呢？面具是辦不到的。它在三島筆下能夠說出的，完全是理智之言。三島只能展現出事實的**後果**（*Folgen*），至於事實本身以及隨之產生的情緒依舊到不了他的意識心智。結果就以病態而反常的幻象顯現出來，在某種程度上可以說是「抽象的死亡願望」。因為這個長年被關在祖母房裡的小孩，長大後依舊碰觸不到真正的感覺。

這種建立在面具般的溝通上的關係，是無法改變的。它將維持著它一直以來的樣貌：錯誤溝通（Fehlkommunikationen）。只有當溝通雙方都能接納他們的感覺，去經驗這些感覺，並且毫無畏懼地說出來以後，才有可能建立起真正的關係。這將是令人開心的良好關係。但卻很少發生，因為雙方都害怕失去彼此已經習慣的表象與面具，縱使它們會阻礙到真正的交流。

為什麼所有人偏偏要在年邁的雙親身上尋求這種交流呢？嚴格來說，他們已經不算是我們的人生旅伴了。和他們相關的故事已然流逝，現在我們真正要溝通的對象是自己的孩子、自己所選的伴侶。許多人冀求的平靜是無法由外部給予的。很多心理治療師認為人們可以藉由寬恕來找到平靜，但這觀點卻一再被事實推翻。誠如我們所知，所有神職人員每天都會向天父禱告，祈求上帝寬恕自己所犯的錯，以及人類的罪。但這卻無法阻止其中一些人，在掩蓋犯罪事實的同時，讓自己一再因重複的強迫驅力而侵害兒童去與青少年。在這種情況下，他們也會去保護自己的父母，而沒有意識到父母曾對他們做了哪些壞事。因此，勸戒人要寬恕不只是假仁假義而已，更是無用、甚至危險的。這麼做會掩蓋了重複的強迫驅力。

能夠保護我們不會受到重複驅力侵害的，只有承認真相——承認全部的真相以及它的所有意涵。只有當我們盡可能地了解父母對我們做過什麼，我們才不會有重複那些惡行的危險；否則，我們會自動地重複父母的行為，並且極力反抗一種想法：當我們長大成人且想要平靜地建立屬於自己的人生時，我們就能夠——且必須——解開童年與施虐父母的連結。童年的迷惘起因於我們從前努力要去理解虐待，並由虐待中推論出意義。但我們必須放下這種迷惘。身為成年人，我們可以停止迷惘；也可以學會了解在心理治療時，道德會如何妨礙傷口的復原。

下面的例子可以具體地說明覺察是如何發生的。有一位心灰意冷的年輕女子，她認為自己無論在工作或兩性關係上都是個失敗者，她寫道：

我母親越是對我說，我是個微不足道的人、我什麼也做不成，我就越會四處碰壁。我並不想恨我的母親，我希望與她和平相處，想原諒她，讓我最後能夠擺脫我的恨意。但我卻辦不到。在恨之中我覺得被她所傷，猶如她也恨我一樣不過這是不可能的。我究竟做錯了什麼呢？我知道如果我沒辦法原諒她，我將會很痛苦。我的心理治療師告訴我，如果我和父母對抗，這就宛如我在對抗自己一樣。我當然知道如果無法發自內心深處原諒的話，就不是真正的原諒。我覺得非常困惑，因為有些時候我可以原諒父母，並且感覺我同情他們。但一想到他們曾對我做過的事，我就會突然生氣，然後完全不想看到他們。我其實想過我自己的生活，平靜下來，不要一直想過去他們是怎麼打我、羞辱我、以及那些幾乎算是酷刑的虐待了。

這女人相信，當她認真看待自己的記憶並且忠於自己的身體時，就是在與父母對抗，同時也等於對抗自己。這是心理治療師告訴她的。但這種說法的後果卻是，這個女人完全無法區分她自己的生活以及父母的生活，她完全沒有自我意識，只能將自己理解為父母的一部分。心理治療師怎麼會說出這樣的話呢？我不知道。但我認為在這樣的陳述中可以感覺到這位心理治療師對自己父母的恐懼，而個案則被這種恐懼與迷惘感染了。結果是她不敢揭開自己的童年故事，讓自己的身體能和真相生活在一起。

在另外一個案例中，一個非常聰明的女人寫道，她不想對自己的父母做出一概而論的評價，而是要把事情分開來看。因為無論她小時候被打還是被性侵，她還是與父母一起度過了一些美好時光。她的心理治療師肯定她應該去權衡美好與不好的時光，而且身為成年人必須了解不可能有完美的父母，所有父母都會犯錯。然而重點並不在此。重點是現在已然成年的這位女子必須發展出對那個小女孩的同理心，沒有人看見那個小女孩的苦痛，她被求取自身利益的父母利用了，多虧了她洋溢的才華，她可以完美地滿足父母的利益。如果她現在已經能去感覺那個小女孩的苦痛，並且去陪伴內在小孩，那麼她就不應讓美好的時光與不好的時光互相抵銷。這麼一來，她又會披上那個小女孩的角色，這個小女孩想去滿足父母的心願：愛他們、原諒他們、記住美好時光等。

這個孩子不斷地嘗試這麼做，希望能理解她遭遇到的那些來自於父母的自相矛盾的訊息及行為。但這種內在的「工作」只會更強化她的困惑。這個孩子不可能理解她的母親也身處在一個內心的防空洞裡，建築著對抗自己感覺的防禦工事，以至於沒有任何理解孩子需求的感受力。而當她成年、了解這些之後，便不應該繼續孩提時毫無希望的努力，不要嘗試強迫自己客觀地去評價，或讓美好的回憶去對抗不好的回憶。她應該根據自己的感覺來行動，這些感覺永遠像所有情緒一樣是主觀的：「在我小時候是什麼使我痛苦的呢？什麼是我以前完全不能去感覺的呢？」

問這些問題，並不是要一概而論地批判父母，而是為了要找出那個受苦、說不出話的孩子的觀點，以及放下在我看來是破壞性的依附關係。誠如我之前所說的，這種依附的組成是感激、同情、否認、渴望、粉飾，以及無數始終無法圓滿而且注定無法圓滿的期望。對曾忍受過的殘暴行徑表達出寬容的態度，並不會打開通往長大成人的道路。能打開那條路的是獲知自己的真相，以及滋長出對那個受虐兒的同理心。看清虐待如何阻礙了成年人的整個人生，以及摧毀了多少可能性，同時又有多少不幸被不經意地傳給了下一代。要發現這些悲劇，只可能在我們停止將施虐父母好的面向與不好的面向相互抵銷之後，否則我們會因此再度落入同情之中，再度去否認那些殘暴行徑，因為我們相信必須對事情有「平衡的」觀點。我的意思是，這裡反映出來的是童年的努力。成人必須丟掉這種平衡過程，因為這麼做會使人混亂並且阻礙了自己的人生。那些不曾在童年時被責打、從來不須忍受性暴力的人，當然不需要去做這些努力。他們可以享受與父母在一起時的美好感覺，也能毫無遲疑地稱之為愛，他們並不需要用任何方式去否認。這些「努力」的重擔只會留在曾受虐的人身上，即便他們並不願意以生病的方式為自我欺騙付出代價亦然。這種例子，我幾乎天天都能看見。

例如，有位女士在論壇上寫道，她在網路上看到這種說法：我們不再與父母見面，是不可能真的對自己有幫助的。如果我們這麼做，將會覺得父母依然跟在我們身後。而這也正是這位女士現在的感覺。自從她不再去拜訪父母以後，她日夜都會想到他們，並且生活在不間斷的恐懼之中。這非常容易理解。她生活在恐慌之中，是因為網路上所謂的專家在她身上強化了專家自己對父母的恐懼。這種傳道式的道德說的是，一個人對於自己的人生、感覺與需求是沒有權利的。或許網路上很難找到其他的說法，因為網路上只會反映出我們幾千年以來承受的心理狀態。它傳達著：孝敬你的父母，你會因此長壽。

本書的第一部提到了幾位大作家的生平，顯示了事情並非總是如此，尤其是倘若在問題中的人是非常敏感且聰慧的。長壽也不能證明第四誡中隱含的威脅是合理的，與此完全相反。長壽和生活的品質有關。這關乎父母與祖父母是否意識到自身的責任，並且不要求以損及兒孫的方式來尊敬長輩；長輩不能毫無顧忌地對兒孫施以性虐待、毆打或其他折磨方式，並自稱都是為了兒孫好。當父母將他們對自己的父母已然潰堤的感覺發洩在孩子身上時，常常可以卸下自己身上的重負。但當孩子脫離他們之後，至少是表面上的脫離，父母便會很快地生病。

今日的兒孫有權去覺察了，並且有權去相信自己小時候看到以及感覺到的事情。他們不必強迫自己變得盲目。他們已經以身體或心靈上的病痛為這種強迫的盲目付出了代價，而這些病痛的肇因長期以來都被遮掩了。如果他們不願繼續這種遮掩行為，他們就有機會掙脫暴力與自我欺騙的鎖鏈，同時也不會再去要求自己的孩子成為犧牲品。

不久前有個電視節目介紹了患有神經性皮膚炎的孩子，也就是他們全身會不斷地發癢。節目請來的專家一致認為這種病是無法根治的，完全沒提到這種發癢症狀的心理因素。引人注目的是，這些孩子和自己同年齡的病友們在醫院裡見面，卻使得病況有了好轉，即使並未治癒。光是這個事實便讓身為觀眾的我推想到，在醫院裡的接觸給了這些孩子鬆口氣的感覺，讓他們知道自己不是唯一得到這種令人費解病症的患者。

這個節目播出後不久，我認識了維若妮卡，她在接受心理治療時罹患了神經性皮膚炎，她漸漸發現正是這個症狀能讓她解開她過去對父親的災難性依附。維若妮卡是家中五個姊妹的老么，她遭到姊姊們的性剝削。她的母親是個酒鬼，會突如其來地發怒，不斷地威脅著這個孩子的生命。在這種情況之下，這個小女孩懷抱著徒然的希望，期望父親有一天能拯救她離開處境。維若妮卡一輩子都在理想化她的父親，雖然根本沒有任何理由與相關回憶能證明這種對父親的高度評價曾成真過。

她的父親也是個酒鬼，對他的女兒們只會展現出性方面的興趣。但維若妮卡否認現實，安於她不合理的希望，五十年來始終保持著她的幻想。然而在她接受心理治療之際，每當她和人們打交道，無法使人理解她的意思，或是期待著他們的幫忙時，就會引發她嚴重的搔癢症。

維若妮卡告訴我，對她來說這一直是個謎，何以她一再被殘忍的搔癢症糾纏不休，而且除了氣自己必須抓癢以外，沒有其他可針對這個症狀做的事了。在她皮膚的這種疾呼中隱藏的，與後來顯示出來的相同，就是她對全家人的憤怒，但主要是對父親的憤怒，父親從未為了她而存在，而他的拯救角色則是她為了忍受在這個施虐家庭裡的孤單而想像出來的。這個拯救的幻想持續了五十年之久，當然使得她的憤怒越顯劇烈。但藉由心理治療師的協助，她最後終於發現，每當她試著壓抑某種感覺的時候，搔癢症狀就會一直出現，讓她不得閒，直至她承認了那種感覺並且可以去體會它為止。多虧了她的那些感覺，她最終越來越清晰地察覺到，她不斷地構築著有關父親的幻想，但這個幻想完全沒有事實的根據。在她每一段與男人的關係中，這個幻想都活躍著，她等待親愛的父親來保護她免受母姊的傷害，並了解她的困境。對局外人來說，父親的解救未曾發生，而且也不可能發生，這是很容易看出來的。但維若妮卡自己就是完全想像不到這個與事實相符的觀點；她覺得如果承認了真相，自己就會死去。

這是可以理解的。因為在維若妮卡的身體內，住著一個未受到保護的孩子，這個孩子如果失去了父親終究會來拯救她的幻想，注定就會死掉。身為成年人的維若妮卡是可以放下這種幻想的，因為那個孩子已經不再獨自面對命運了，從現在起，維若妮卡體內有成年的部分，成年的她可以保護那孩子，可以去做那些她父親從未做到的事，理解那孩子的困境並保護她不遭人虐待。維若妮卡一再地在日常生活中體驗到這些，一旦她終於不再像從前那樣否認自己身體的需求，而是非常認真地去看待這些需求。後來，她的身體僅以輕微的搔癢來警示這些需求時每次搔癢總能讓她明白，那個孩子需要她的幫助。雖然維若妮卡在工作上相當負責，但她很容易陷入依附的關係，遇到並不是真正關心她的對象，並且對對方百依百順。當她看穿父親的真正行為後，就不再陷入同樣的關係裡；這些情況在她接受心理治療後完全改觀了，她在自己體內發現了一個同盟，這位同盟知道該如何幫助她。我認為這正是所有心理治療應該達成的目標。

這裡描述的幾個相似的發展案例，是我在過去幾年觀察到的，多虧它們使我明白了一件事：如果心理治療要有效，就要廢除第四誡的道德意涵，我們從很小的時候就經由教養而接受了這種規範。但遺憾的是，因為心理治療師本身仍未擺脫這層束縛，太多的心理治療療程若不是一開始就被黑色教育的規條引領著，就是在治療過程的某個時候置入了黑色教育的規條。第四誡常常和精神分析的指令結合在一起，甚至等到個案接受了一段時間的幫助，且終於看到曾遭到的傷害與虐待後，就會像我上述解釋過的一樣，或早或晚會被治療師暗示父母也有好的一面、也曾給了孩子很多東西，而成年人現在則必須為此心懷感激。單單這種暗示就足以讓當事者再度完全陷入不安之中，因為正是努力去看父母好的一面造成他壓抑了自己的知覺與感覺，就如同卡爾特斯在《非關命運》48一書中令人印象深刻的描述。

勞菈曾接受過一位心理治療師的輔導，這位心理治療師起初讓勞菈第一次能夠揭下自己的面具，認清自己的堅強是假造的。她信賴這位治療師，認為他可以幫她找到通往自身感覺的入口，同時也讓她記起了童年對親近與溫柔的渴望。勞菈和維若妮卡一樣，都在父親的身上尋求拯救，拯救她逃離母親的冷漠。但和維若妮卡父親不一樣的是，勞菈的父親表現出對這個小女孩更多的興趣。有時候他還會跟勞菈一起玩，因此在這孩子心中留下了一個希望，一個對良好關係的期望。勞菈的父親知道她母親對勞菈施加的狠毒體罰，即便如此卻仍將孩子留在母親身邊，沒有保護她，沒有對這孩子負起應有的責任。最嚴重的是，他喚起了這孩子心中的愛，而他並不值得擁有這份愛。勞菈給我的信中是這麼寫的。這個年輕女子帶著這種愛直到生了嚴重的病，她試著透過心理治療師的協助來了解這場病的意義。就這樣，她的

48　同註四。

心理治療師起先看起來大有指望，透過他的協助，勞菈成功地拆除了心中的防禦之牆。但到了後來，當勞菈心中浮現被父親性虐待的懷疑感覺時，這位心理治療師卻開始築起一道牆。他突然說起孩子心中的戀母願望，他用與勞菈父親對她所做的類似方式，使得勞菈變得困惑。勞菈懷疑他因為自己的軟弱而犧牲了她，或許是他自己也有壓抑的記憶並未處理。他提供給勞菈的是精神分析理論，而非一個知情見證者的同理心。

雖然多虧了勞菈的博學多聞，使她得以看清那位心理治療師的防禦行為。但她卻與這位治療師一起重複了她與父親的相同行為模式，因為她與父親之間的關係仍未解除。勞菈無法說出對他的懷疑，她依舊對心理治療師與父親心懷感激，感謝從他們那裡有所獲得，並以這種方式服從著傳統的道德，她那童年的依附在這兩種關係中都無法解除。因此，雖然她接著嘗試了原始療法（Primärtherapie）與身體療法（Körpertherapie），但病症仍未消失。道德似乎獲得了勝利，犧牲掉了勞菈的故事與她所承受的痛苦，就像在許多心理治療的案例中所發生的一樣。直到勞菈在一場團體治療的幫助下，得以放下她那毫無理由的感謝與罪惡感。她認清了童年時父親的拒絕所造成的所有後果，並且看到父親對她人生應負的責任。

由於承認了自己的真相，勞菈得以去過一段有創造性的全新人生。她現在知道自己已不再受到危險的威脅了，只要她能察覺自己的父親根本就是個懦夫，他從未幫助過她，因為他完全不想這麼做，也因為他需要用勞菈來發洩他自己所受的傷，以便他永遠不用去感覺到這些傷口的存在。由於察覺了這些，勞菈的身體明顯地平靜了。原本那顆醫生一定要開刀處理的腫瘤很快地萎縮掉了。

勞菈在之前的一次心理治療時，曾接受過觀想（Visualisierung）方法的建議，她當時對這種方法抱持著很大的期望。她成功地記起一個場景，那時她才七歲，那位在其他方面都被理想化的父親，由於妒忌而打了她。心理治療師告訴她，她應該將父親想像為友善的，並且試著以正面形象去取代負面的舊形象。這種方法真的幫助勞菈理想化父親，持續了好幾年。那段期間，她子宮內的腫瘤繼續長大，直到她決定面對真相，真相向她傳遞有關她真實記憶的訊息。

心理治療會提供這類方法，將負面感覺轉化為正面。這種操控方式通常有利於強化否認，否認的行為能讓個案逃避自身（受到真實情緒暗示的）真相所帶來的痛苦。因此，透過這種方法所獲得的成功只會持續一小段時間，而且還是相當有問題的。原始的負面情緒是身體的重要信號。如果這些情緒傳遞出來的訊息被置之不理，身體就必須發出新的訊息讓人聽到它。

人為製造出來的正面感覺不只持續的時間很短，還會讓我們停留在孩子的期望狀態，希望父母總有一天會只展現他們好的一面，我們永遠不需要感覺對他們的憤怒或恐懼。但如果我們希望真的長大成人，且活在我們當下的現實裡，我們必須（並能）擺脫這種虛幻的天真期待。為了做到這點，我們必須承認所謂的負面情緒，並且可以把這些情緒轉換成有意義的感覺，藉此了解產生情緒的真正原因，而不是盡可能以最快的速度消除這些情緒。被人體會過的情緒不會永遠存在。（雖然如此，但這些情緒能在這短暫的時間內釋放被封鎖的能量。）只有在被驅逐時，這些情緒才會在身體裡築巢。

紓壓、按摩與各種身體療法可以暫時帶來很大的放鬆效果，讓肌肉或結締組織等部位擺脫壓抑的情緒壓力、緩和緊張，進而克服痛楚。但壓力又會再度出現，如果情緒的原因依舊不為人所知，如果內在小孩對處罰的預期心理仍然非常強烈地存在於我們心中，我們依然會害怕惹惱父母或替代父母的人。

只要我們被迫寬大地對待最初引發我們怒氣的對象，那麼那些常常受到推薦的「釋放」、「排除」怒氣的練習，從打枕頭到拳擊等，效果就會同樣有限。勞菈試過了許多這種練習，但永遠只能達到短暫的成效，直到她準備好去感覺所有她對父親的失望情緒，而且不僅只是去感覺怒氣，還包括痛楚以及恐懼，她的子宮便在沒有紓壓練習的情況下自然而然地擺脫了那麻煩的腫瘤。

第 III 部

厭食症：對真正溝通的渴望

……因為我找不到合我胃口的食物。

如果我找到這樣的食物，相信我，

我不會引人注意，

我會像你與大夥一樣

吃得飽飽的。

——法藍茲．卡夫卡，〈飢餓藝術家〉

【第三部】

導讀

讓道德獲得最大勝利的領域，是厭食症的治療方式。由於或多或少的明確警告：「你看看，你讓父母多不開心，讓他們多麼為了你而傷心難過！」隨之會更加強罹患厭食症的年輕人心中的罪惡感。飢餓的意義、飢餓的真正訊息，在這種警告中完全遭到忽視。然而厭食症顯示身體是多麼清楚地對「它的主人」示警了疾病的真相。

許多厭食症患者認為：「我必須敬愛與尊敬我的父母，原諒他們所做的一切，了解他們，正面思考，學會遺忘。我必須全都做到，而且絕對不能顯現出我的困境。」

但如果我強迫自己去感覺不是我真正的感覺，如果我不再知道我真正感覺到、想要的、希望的以及需要的是什麼，以及為什麼我要做人們教我去做的事情時，那個我——真正的我——究竟還會是誰呢？我可以強迫在工作、運動、日常生活方面等獲得很高的成就，但當我想強迫自己去感覺的時候（不管是不是藉由酒精、毒品或藥物的幫助），我早晚都將面對自我欺騙的後果。我將自己縮減成一個面具，完全不知道自己究竟是誰。這種所知的根源存在於我的真實感覺中；這些感覺與我的經歷是一致的。我的身體是這些經歷的守護者。憑著我身體的記憶。

當我們忽視身體的訊息，例如生氣的感覺時，我們就不能去愛、重視或是了解自己。有一大串「心理治療的」規則與方法是用來操控情緒的；它們會非常認真地告訴我們，如何阻止悲傷並開始享受生命；罹患最嚴重生理症狀的患者會在醫院接受這類建議，希望能藉此擺脫對父母的蝕人憤恨。

這種方式會成功一段時間並且減輕負擔，因為他們的治療師「樂於」讓病人這麼做。病患就像是個服從母親教養方式的乖巧孩子，覺得自己被接受、被愛了。但如果身體完全沒被人傾聽，它就會逐漸再度以舊病復發的方式來彰顯自身。

同樣讓心理治療師感到棘手的是治療過動兒童的症狀。如果這些孩子的情況被視為與遺傳有關，或是應該加以矯正的壞習慣，這些孩子要怎麼融入家庭呢？而所有真正的病因都將成為祕密？但如果我們準備好去看清這些情緒其實有現實的基礎，反映了他們缺乏照料、遭受虐待，或尤其是缺乏情緒滋養（nährender Kommunikation），我們眼中就不會再看到無意義地到處吵鬧的孩子，而是承受著痛苦的孩子，是不能知道受苦之因的孩子。如果我們能接受這些，就能幫助自己與他們。也許我們（和他們）便不會那麼害怕情緒、痛楚、恐懼與憤怒，而是理解我們的父母究竟對我們做過什麼。

多數心理治療師支持的（道德）義務，是無論如何都不對父母追究責任的態度，導致了對疾病之因不自覺的漠視，同時也影響了治療疾病的機會。現代的大腦科學家在幾年前便已知道，出生的第一個月到三歲期間，如果與母親之間缺乏良好且可信賴的依附，腦中將會留下影響重大的痕跡，並導致嚴重的失調。或許早是讓這種知識在心理治療師的訓練中傳播開來的時候了，如此一來，他們接受的傳統教養所造成的傷害性影響，也許會稍微減弱。因為禁止我們過問父母行為的，常常就是我們自身的教養，也就是相信黑色教育的合法性所造成的。傳統道德、宗教規條，以及某些精神分析理論，都導致了連兒童心理治療師也對於指出父母的責任一事躊躇不前。他們害怕這麼做會造成父母的罪惡感，而如此一來這些父母可能會傷害孩子。

我深信情況會是相反的。一旦建立起治療的關係，說出真相是可以喚醒個案的。當然，兒童心理治療師無法去改變「問題」兒童的父母，但如果他將必要的知識傳達給他們，那麼基本上就能協助改善父母與孩子的關係。舉例而言，如果告知父母真正溝通的**情緒**滋養意義，並且幫助他使用這方面的知識，就會為父母打開一扇通往全新體驗的大門。父母拒絕與孩子溝通，常常並非出於惡意，而是因為他們自己在小時候也沒有經歷過這種形式的情感關懷照顧，他們完全不知道這種東西存在。父母可以與孩子一同學習如何有意義地溝通，但前提是這些孩子獲得心理治療師全然的支持，而這位心理治療師自己已經擺脫了黑色教育，也就是完全站在孩子這邊。

有這樣的治療師提供知情見證者的支持，鼓勵過動（或承受著其他苦痛）的孩子去**感覺**他的不安，而非發洩他的不安，並且對父母表達他的感覺，而不是害怕感覺並與感覺分離。如此一來，父母會**從孩子身上**學到，人可以擁有感覺，而無須害怕感覺將導致惡果，感覺反而可以讓人得到依靠並且創造互信。

我知道有位母親很感謝她的孩子拯救她擺脫了她對父母的毀滅性依附。這位母親小時候曾遭到父母嚴重的虐待，她接受了許多年的心理治療，依然努力去看父母好的一面。她由於女兒的過動症以及具攻擊性的情緒爆發行為而深感痛苦，她的女兒自出生以來就不斷地接受醫生治療。這種狀態幾年下來都沒有改善。她帶著孩子去看醫生，給孩子吃不同的藥，定期造訪自己的心理治療師，但卻一再地為自己的父母辯護。在意識層面上，她從未認為自己是因為父母而受苦，而只意識到孩子讓她痛苦。直到有一天，她終於經由一位新的心理治療師而承認她三十年來對父母積壓在心中的怒火，因此勃然大怒。此時奇蹟發生了（雖然這根本不是奇蹟）：在短短幾天之內，她的女兒開始用正常的方式玩耍，過動的病症都消失了，會提出疑問並且明確地回答。這位母親猶如從厚重迷霧裡走出來，像是她現在第一次看見她的孩子。而這樣一個不被利用來當成投射對象的孩子，便可以安靜地玩耍，不需要像發瘋似的跑來跑去。她不用再去完成拯救媽媽的無望任務，或至少是用她自己的「失調」來讓媽媽面對真相。

真正的溝通是以事實為根據的；這些事實讓人能傳達自己的感覺與想法。相反的，混亂的溝通所根據的是被扭曲的事實，以及為自己不想要的情緒而指責別人，這些情緒針對的其實是童年時的父母。黑色教育只懂得這種操控式的相處之道。直到不久之前，這種方式仍舊無所不在，但現在有例外了，以下的例子就是如此：

七歲的瑪麗在被老師體罰後，拒絕上學。瑪麗的媽媽芙蘿拉沒有辦法了，畢竟她無法強迫孩子去學校。她自己從來沒打過孩子。她去找老師，與老師對質，並請她向孩子道歉。老師非常生氣地說：「如果老師必須要向孩子道歉，我們以後會怎樣呢？」她認為小瑪麗被打是罪有應得，因為當她對瑪麗說話時，瑪麗完全沒注意聽。芙蘿拉冷靜地說：「一個不注意聽妳說話的孩子，或許早就對妳的聲音或表情感到恐懼了。體罰只會讓她更害怕。相對於體罰，我們應該要和孩子對話，獲得孩子的信賴，這樣才能消除她的緊張和恐懼。」

突然，老師的淚水盈滿眼眶。她癱倒在椅子上，低聲說道：「我小時候除了被體罰以外什麼也不知道；沒有人會跟我對話。我永遠只會聽到我母親對我吼：『妳從來不聽我的話——我究竟該拿妳怎麼辦？』」

芙蘿拉突然感到很同情。她本來是想來告訴老師，很久以前學校就已經禁止體罰了，她要向警方舉發。但現在，坐在芙蘿拉面前的是一個活生生的人，一個她可以與之商量的人。最後這兩位女士一同思考該怎麼做才能重新贏得小瑪麗的信賴。老師表示要向孩子道歉，她後來也這麼做了。她對瑪麗解釋道，她不必再害怕，因為體罰本來就是被禁止的，而她做錯了。她告訴瑪麗有權在這種情況下抱怨，就算是老師也可能會犯錯。

瑪麗又再度開始喜歡上學了，她現在甚至展現出了對這位女士的同情心。這位女士有勇氣去承認自己的過錯，這個孩子將會清楚地發現成人的情緒與他們自身的經歷有關，而非孩子的行為。如果孩子的行為與無助引起了成人的強烈情緒，孩子無須為此感到抱歉，就算是成人試著將責任加諸在他們身上時也一樣（「我打你，**是因為你……**」）。

一個和瑪麗有著相同經歷的孩子將不會像許多人一樣，覺得需要為其他人的情緒而負起責任，他只需要為自己的情緒負責即可。

安妮塔・芬克的虛構日記

在我常常收到的眾多信件與日記中，有著大量被殘酷虐待的童年的證明。其中也有部分是——雖然比較少——能使撰寫人解開童年創傷後果的心理治療案例。有時候人們會請我出版這些生命故事，但我大多都很猶豫，因為我不清楚個案是否在幾年後仍舊樂意在一本別人寫的書裡看到自己。

從這個角度，我決定寫一篇虛構小說，但內容是有事實根據的。我猜測很多人心中都帶著類似的苦痛之源，可是沒有機會接受成功的心理治療。我將主角取名為安妮塔・芬克，她記錄了她在心理治療時的過程變化，幫助她擺脫了一種嚴重至極的失調問題：也就是厭食症。

即使是最傳統、最嚴格的醫界專業人士，也同意厭食症是一種身心失調疾病。

當一個人（通常是年輕人）的體重減輕到會引發生命危險時，我們認為病人的心靈也是「受影響的」（betroffen）。這種觀點普遍來說已不再具有爭議性了，就連在醫學領域也一樣。但這些人的心靈狀態多半仍渾沌不明。以我的觀點來看，這是為了不傷及第四誡。

我已在《夏娃的覺醒》一書中點出這個問題，對傳統厭食症治療的方法提出一些質疑。這些診療的目標是去增加病人的體重、恢復正常，而不是看清造成失調的原因。我不想在本書中繼續辯論下去，我想藉由一個故事來說明，哪些心理因素會導致厭食症加劇，以及經由哪些方式能解決狀況。

卡夫卡筆下的「飢餓藝術家」在他生命走到盡頭時說過，他飢餓是因為他找不到合胃口的食物。安妮塔可能也會說出同樣的話——但她要在變健康後才會這麼說，因為屆時她才會知道哪些食物是她需要的、哪些是她找尋的、哪些是她自童年以來就錯失的：真正的溝通，沒有謊言、沒有錯誤的「擔憂」、沒有罪惡感、沒有責備、沒有警告、沒有製造恐懼、沒有投射。這種理想中的溝通，就像是母親與在她期待下出生的孩子，在人生的第一個階段於最完善的狀況之中的溝通。如果這種溝通從未發生過，如果孩子被謊言餵養長大，如果言語和手勢只是為了用來掩飾對孩子的拒絕、仇恨、厭惡和反感，孩子將會抗拒靠這種「食物」來成長。他會排拒這種食物，而且日後會變得食慾缺缺，不知道自己需要的是哪種食物。因為他從沒有經驗過，所以他根本不知道有這種食物存在。

成年人雖然可以模糊地知道有這種食物的存在，或許還是會陷入暴食，由於他一直在追尋他所需要但又不知為何的食物，因此不加選擇地吃下所有可以吃的東西。他將會肥胖、食慾過盛。他不想放棄；他想吃，無止境地吃，毫無節制。但由於他像厭食症患者一樣不知道自己需要什麼，因此他永遠也吃不飽。他想要自由，可以什麼都吃，不用服膺任何束縛，但最後他卻活在自己的暴食症之中。為了擺脫暴食症，他必須向某人訴說自己的感覺——他必須體驗到自己被傾聽、被理解、被認真對待，以及不必再隱藏自己。直到這個時候他才會明白，這就是他找了一輩子的那種食物。

卡夫卡的飢餓藝術家沒有為這種食物命名，因為就連卡夫卡也無法為它命名。他小時候也沒有經歷過真正的溝通。他因為這種匱乏而承受著非常大的痛苦，他所有作品描述的都是錯誤的溝通：《城堡》、《審判》、《蛻變》。在這些故事裡，他的問題全都沒被聽到——得到的回答都是奇怪的曲解，故事中的人物覺得自己孤立無援，無法讓自己的聲音被其他人聽到。

安妮塔．芬克長期以來也遇到了類似的狀況。她生病的真正根由是那從未滿足的溝通渴望，她渴望能真正地與父母及男友溝通。她的拒絕進食是這種匱乏的警示。她最終康復了，可能是因為安妮塔認為有人願意理解並真的理解她。從一九九七年九月開始，十七歲的安妮塔在醫院裡寫起了日記。

✡一九九七年九月十五日

好吧！他們辦到了。我的體重改善了，而我則獲得了些許希望。但我為什麼要說「他們辦到了」?這並不是他們的功勞。在這個可怕的醫院裡，他們從一開始就讓我神經緊張，比在家裡還糟糕。「妳必須這樣、必須那樣，妳可以這樣、不可以那樣，妳以為自己是誰?我們正在幫妳啊!妳必須信任、聽話，不然沒有人可以幫得了妳。」

真該死，你們怎麼會如此狂妄?為什麼如果我聽從了你們的蠢規定，像你們的機器零件那樣運作，我就能變得健康?那些會殺死我。而我不想死啊!你們一直說我想死，但那是個謊言、胡說八道。我想活下去，但不要這樣子活著，不要讓人規定我該怎麼做，他們認為我照著規定做才不會死去。我想要以我自己的樣子生活。但大家不讓我這樣做。沒有人會讓我這樣做。所有人都對我有所企圖。他們的那些企圖其實會毀了我的人生。我想告訴他們這些，但我該怎麼做呢?該怎麼對人們說出這些呢?他們到這間醫院來完成他們的工作，他們只想提出成功的工作報告(「安妮塔，妳今天吃完麵包了嗎?」)，然後晚上因為終於可以離開像我這樣的骷髏而感到開心，回家去聽音樂。

沒有人願意傾聽我。那位親切的精神科醫生，裝得好像傾聽是他來訪的目的似的。但他真正的目的顯然完全不同。我清楚地看出來了，從他對我好好說話的方式，從他想為我製造生活勇氣的行為（你如何能「製造」勇氣呢？），從他給我的解釋：這裡所有人都想幫助我，如果我能信任他們，我的病情一定會好轉。是啊，我病了，我的病就是因為我不相信任何人。但我將會在這裡學到這點。接著，他看了看時間，也許正想著他在今晚的討論課上要如何好好地呈現這個案例。他找到了厭食症的解決辦法：信任。你這個蠢蛋！就在你對我叨唸著信任的時候，你正在想些什麼呢？所有人都對我叨唸著信任，但他們不值得！你說你會傾聽我，但你做出來的事只是想去感動我、愚弄我、讓我喜歡你、讚嘆你，以及從中獲得你要的東西：在討論課上和你的同僚們說，你多巧妙地使一個聰明的女人信任你。

你這個驕傲自大的傢伙，我已經看穿了你的把戲。我不會再讓自己上當了。如果我有一點點好轉，這並不是你的功勞，而是因為妮娜。她是葡萄牙籍的清潔女工，晚上偶爾會在我這裡陪我一會兒，她真的會傾聽我，在我自己敢這麼做之前就先對我的家人感到憤怒，我因此第一次有可能生氣。感謝妮娜對我告訴她的事情有這樣的反應，我開始了解、感覺到我是在冷漠與孤獨之中長大的，完全沒有任何形式的關係。我究竟該從哪裡獲得我的信任呢？和妮娜說話首次喚起了我的食慾，我開始進食，因為我知道生命有某些東西要給我——真正的溝通，這是我一直渴望的東西。我過去被強迫吃下了那些我不想吃的食物，因為它們不是食物，它們是我母親的冷漠、愚蠢與恐懼。我的厭食症是在逃避這些虛偽、有毒的食物。厭食症拯救了我的人生；拯救了我對溫暖、理解、溝通與交流的需求，就像妮娜一樣。現在我已經知道我尋找的東西是存在的了，只是我長久以來不被允許知道而已。

在我和妮娜接觸之前，我完全不知道有和你們、我的家人、學校等完全不一樣的人存在。所有人都是那麼正常、那麼難以接近。所有人都不了解我。他們覺得我「很奇怪」。但對妮娜來說，我一點也不奇怪。她在德國做清潔工作；她本來在葡萄牙讀書，但她沒有錢繼續升學，因為她爸爸在她高中畢業後不久就過世了，她必須去工作。即便如此，她卻可以理解我。並不是因為她剛開始上大學，與此完全無關。她小時候有一個表姐，她告訴了我很多有關這個表姐的事，表姐會傾聽她、認真地對待她。她現在也會這樣對我，完全不費勁而且也不帶質疑。我對她來說並不陌生，雖然她在葡萄牙長大而我在德國。這不是很神奇嗎？但我卻在自己的國家感覺像個外國人，有時甚至像個痲瘋病患者，只是因為我不想做那個你們要的我，而且我也不想變成那樣。

我藉著厭食來表達這些。你們看看我的樣子吧！我的樣子讓你們覺得噁心嗎？這樣更好！那麼你們就會被迫了解，我和你們之中有些不對勁。你們移開視線；你們覺得我瘋了。是的，這讓我很痛苦。但比起成為你們的一份子，這樣還好一點。如果我以某種方式瘋了，是因為我被你們推開，是因為我拒絕背叛本性去迎合你們。我想知道自己是誰、為什麼現在要來到這個世界、為什麼是這個時間、為什麼在南德、為什麼在我父母家，他們根本無法了解我、接受我。我到底是為了什麼目的來到世界上？我在這裡要做些什麼呢？

我很開心，自從和妮娜聊天後，我便不再需要將所有這些問題藏在厭食症背後了。我要找出一條道路，一條能讓我找到我問題答案的道路，並且以適合我自己的方式去生活。

✡一九九七年十一月三日

我現在已經離開醫院了，因為我達到了必要的體重低標。這樣似乎就足夠了。除了我和妮娜以外，沒有人知道這為什麼會發生。那些人深信他們的飲食計畫造就了所謂的病情好轉。他們就這樣相信並為此高興吧。無論如何我很高興離開了醫院。但現在怎麼辦呢？我必須為自己找個住的地方，我不想留在家裡了。媽媽還是像往常一樣操心。她投注自己所有的生命力全在關心我，這讓我很煩躁。如果她繼續這樣下去，我害怕自己又會再度無法吃東西，因為她對我說話的方式讓我胃口盡失。我感覺得到她的恐懼，我想幫助她，我想吃東西，讓她不要害怕我會再度瘦下去，但這整齣戲我撐不了太久。我不想為了要讓我母親不要害怕我會變瘦，所以去吃東西，我想因為我有興致吃而吃。但她對待我的方式破壞了我所有的興致，就連其他興致也被她有系統地摧毀了。當我想和辛蒂碰面的時候，她說辛蒂被有毒癮的人影響了；當我和克勞斯講電話的時候，她說克勞斯現在滿腦子只有女生，她覺得他不可信賴；當我和伊莎貝爾阿姨講話的時候，我看到她對自己的妹妹吃醋，因為我對阿姨比對她要坦率得多。我有種感覺，覺得我必須調整並縮減我的人生，好讓我的母親不要抓狂，讓她快活，甚至讓我身上不再有任何剩餘之物。這與心靈上的厭食有什麼不同呢？在心靈上使你自己削瘦，直到什麼也不留了，好讓母親平靜下來、不會害怕。

✡一九九八年一月二十日

我現在已經租到了我自己的房間，是和陌生人分租的。對於父母准許我這樣做，我到現在還是非常訝異。他們也不是沒有反對，但我在伊莎貝爾阿姨的幫助下獲得了同意。剛開始我非常開心，我終於能清靜一下了，不用一直被媽媽控制。我可以安排我自己的日子。我是真的很高興。但高興沒有持續太久，我突然忍受不了獨自一人。對我來說，房東的漠不關心似乎比媽媽持續的管束還要糟糕。我渴望自由那麼久了，現在當我擁有了自由之後，自由卻讓我感到害怕。我有沒有吃飯、吃了什麼、什麼時候吃的，房東柯特太太全都無所謂。她顯然完全不在乎，這讓我快要無法忍受了。我開始責備自己：我究竟想要的是什麼呢？你根本不知道自己想要什麼。你不滿意有人對你的飲食行為感興趣，但當別人無所謂的時候，你又覺得少了些什麼。要讓你滿意很難，因為你不知道自己要的是什麼。

就在我這樣自言自語了半小時之後，我突然聽到了爸媽的聲音，他們的聲音還在我耳裡迴盪著。難道他們是對的？我必須自問，我真的不知道自己要什麼嗎？在這個空蕩蕩的房間裡，沒有人會干擾我說出我真正渴望的是什麼。沒有人會打斷我、批評我、使我不安。我想試著找出自己真正的感覺和需求。但一開始時我卻說不出話來。我的喉嚨像被勒住了一樣，我感覺到自己的淚水湧了上來，我能做的只有哭泣。直到我哭了一陣子後，答案才自個兒冒了出來：我想要的只是你們傾聽我、認真待我，停止教訓我、批評我、否定我。我希望在你們身邊可以感到很自由，就像我和妮娜在一起時感覺到的一樣。她從未對我說過我不知道自己要的是什麼。和在她在一起時，我也知道自己要什麼。你們教訓我的方式使我膽怯，阻礙了我的本性。我不知道該怎麼將我的本性說出來，我不知道我該怎麼做才能讓你們滿意我、讓你們愛我。但如果我有了這項本事，我所獲得的就會是愛了嗎？

✡一九九八年二月十四日

每當我在電視裡看到有些父母因為他們的孩子在奧運上獲得金牌而開心地放聲大叫時，我都會打個冷顫，心裡想著這二十年來他們愛的究竟是誰。是那個為了最終能體驗父母以他為榮的這一刻，用盡所有力氣去練習的男孩嗎？他會因此而覺得被他們愛著嗎？如果他們真的愛他，他們也會有這種瘋狂的虛榮心嗎？而且如果他對父母的愛有自信的話，他有必要去贏得金牌嗎？他們事實上究竟愛的是誰呢？是那位金牌得主？還是他們那個或許因為缺少愛而受著苦的孩子？我在電視螢幕上看到像這樣的金牌得主。在他得知自己獲勝的那一刻，他顫抖地哭了起來，淚流不止。那不是喜悅的眼淚；你可以感覺得到那使他顫抖的苦痛，或許只有他自己沒意識到事實而已。

✡一九九八年三月五日

我不想當你們希望的那個我。而我還沒有勇氣去做我希望的自己，因為我還為了你們的拒絕以及在你們身邊所感到的孤寂而痛苦。但如果我想讓你們滿意，我就不會孤單了嗎？那是在出賣我自己。當媽媽在兩週前生了病且需要我的幫忙時，我幾乎因為有藉口回家而感到開心。但我很快地就無法繼續忍受她為對我而言操心的方式了。我無法不在她的操心中感到虛偽。她說她擔心我——那讓她成為我不可或缺的人。我覺得這是在誘導我去相信她是愛我的。但如果她是愛我的，我會感覺不到這種愛嗎？我不是怪胎，如果有人喜歡我、讓我暢所欲言、對我所說的話感興趣，我可以察覺出來。在媽媽身上，我只感覺到她想要我關心她、愛她。同時，她還希望我相信她並不是這樣的。這根本是勒索！也許我早在小時候就有這種感覺了，但是我說不出來，我根本不知道該怎麼說，直到現在我才意識到。

另一方面我為她感到難過，因為她也渴望人際關係，她比我還不能察覺到這點，比我更無法表現出來。她就像被囚禁了，而這種囚禁的狀態讓她感到很無助，所以她必須不斷地重建她的權力，尤其是對我的權力。

好吧，我再度試著去理解她。究竟何時我才能解脫呢？何時我才能不用當我媽的心理醫生呢？我尋找她，我想了解她，我想幫助她。但一切都沒有用。她不想被人幫忙，她不想讓自己軟化，她似乎只需要權力。我也不想再繼續參加這場遊戲了。我只希望自己能看清一切。

爸爸就不一樣了。他用缺席來掌權，迴避所有的事情，使得任何交集都是不可能的。就連那個時候，當時我還小，他玩弄我的身體，他從來也沒說過什麼。但媽媽就不一樣。她無所不在，無論是在責備、罵人或是顯示她的需求、失望、怨言。我無法抽身離開她眼前，但這種面對面不是我需要的情緒滋養。她毀了我。爸爸的缺席對我來說也是一種毀害，因為我還是小孩的時候一定是需要滋養的。如果我的父母拒絕給我滋養，我應該去哪裡尋找呢？我曾經亟需的滋養是一段真正的關係，但無論是媽媽或爸爸都不知道那是什麼，而且他們都很害怕和我有真正的連結，因為他們自己還是小孩子的時候也遭到了虐待、沒受到保護。現在我又浮現出同樣的想法：試著要去了解爸爸。這十六年來我不斷地這麼做，但現在我想擺脫這習慣了。無論爸爸如何承受著孤獨，事實上他就是讓我在孤獨中成長；我小時候，他只會在需要我的時候才來找我，卻從來沒有為了我而存在。後來他也總是迴避著我。這些都是事實，我想以事實為根據，我不想再繼續迴避現實了。

✡ 一九九八年四月九日

我的體重又減輕了非常多。醫院的那個精神科醫生給了我一位心理治療師的地址。她叫做蘇珊。我已經和她會談過兩次了。直至目前為止，進展得還不錯。她和那位精神科醫生不一樣。我覺得她是理解我的，這大大地減輕了我的負擔，她不會試著說服我；她會傾聽，會說自己的事，說些她的想法，並鼓勵我說出自己的想法，鼓勵我相信自己的感覺。我告訴了她關於妮娜的事，而且我一直哭。我還是一樣不喜歡吃東西，但至於為什麼會這樣，我現在更能理解而且也了解得更深入了。我被人用錯誤的情緒滋養餵了了十六年，我現在已經受夠了。要不是我為自己弄來正確的滋養並且藉由蘇珊的幫助找到勇氣，我就得繼續我的飢餓罷工。

這算是飢餓罷工嗎?我無法這麼認為。我就只是沒興致進食，沒有胃口；我只是不再喜歡食物了。我不喜歡謊言，我不喜歡假裝，我不喜歡迴避。我非常希望可以和我的父母聊天，告訴他們有關我的事，然後聽聽有關他們的事，聽聽他們小時候的事情、他們對現在的世界有什麼感覺。他們從來不對我說這些。他們不斷試著教我要舉止合宜，並且迴避所有私人的事物。我現在已經覺得很厭煩了。為什麼我不乾脆離開呢？我為什麼一再回家，忍受著他們對待我的方式呢？是因為我對他們感到抱歉嗎？這也沒錯。但我必須承認，我仍舊是需要他們的，我依然很惦念他們，雖然我很清楚他們永遠不可能給我那些我需要他們給的東西。也就是說，我的心智了解這點，但我內在的小孩無法了解、也不知道。內在的小孩不想知道。她只是希望被愛，無法理解自己為什麼從一開始就沒得到愛。我有可能在某個時候接受這點嗎？

蘇珊認為我可以學習去接受。幸好她沒有說我被自己的感覺欺騙了。她鼓勵我認真去看待、去相信自己的知覺。這真的非常棒——這種狀況我還從沒遇過，就連與克勞斯在一起，也不曾有過。每當我告訴克勞斯一些事情，他常常說：「那只是妳自己的想法。」好像他可以比我更清楚我自己的感覺一樣。但可憐的克勞斯啊，他覺得自己很重要，其實也只是在重複他父母對他說的話而已：「你被你的感覺迷惑了，我們更懂。」等等。他的父母或許是習慣性地這麼說，因為人們就是會說這種話。事實上，他們和我的父母是不一樣的。他們還比較樂意傾聽，而且願意理解克勞斯，尤其是他媽媽。她常常會問他一些問題，讓人覺得她真的想了解他。如果我媽媽也問我同樣的問題，我會很高興。但克勞斯卻不喜歡這樣，他希望她不要煩他，讓他自己去了解事情，而不要總是想在一旁幫助他。當然，這樣也不錯，但克勞斯的這種態度會造成我們之間的距離。我就是無法接近他。我想我會告訴蘇珊這些。

✡一九九八年七月十一日

有了蘇珊的陪伴，我是多麼高興啊。不只因為她會傾聽我、鼓勵我用自己的方式去表達我自己，也因為我知道有個人挺我，而且我不必改變自己去讓她喜歡我。她喜歡我原本的樣子。這多麼令人無法抗拒！我完全不需努力去讓人理解我，她就是了解我。被理解是一種很棒的感覺。我不需要為了找到願意傾聽我的人而去環遊世界，事後又很失望。我已經找到會這麼做的人了，多虧了這個人，我可以判斷出我如何一直弄錯了狀況，例如和克勞斯的事。我們昨晚去看了電影，後來我試著和他聊那部電影。我解釋為什麼會對影片失望，雖然影評都說這部片很棒。克勞斯只說：「妳的要求太高了。」這讓我想到他以前就給過這樣的評語，而不是討論我所說的內容。我一直覺得這樣很正常，因為這在我家裡也常發生，因此我已經習慣了。

但昨天我卻突然想到這個。我心想：「如果是蘇珊的話，絕對不會有這樣的反應——她一直都是針對我所說的內容回話。而且如果她不懂我的話，她會追問。」我突然意識到，我從一年前開始和克勞斯交往以來，我一直不敢去察覺他其實根本沒在傾聽我，他用和爸爸類似的方式迴避我，而我覺得這樣很正常。這種情況究竟會不會有變化呢？為什麼應該要有變化呢？如果克勞斯迴避了我，他有他迴避的理由，我無法改變這點。幸運的是，我開始察覺我並不喜歡有人迴避我，而且我能表達出我的不喜歡。我已經不再是爸爸身邊的那個小女孩了。

✡一九九八年七月十八日

我告訴蘇珊，克勞斯有時候會讓我很厭煩，但我不知道原因。我是喜歡他的。讓我生氣的永遠是些小事，我會因此責備自己。他對我是一番好意。他說他愛我，而我知道他很依戀我。但我究竟為什麼要那麼小題大作呢？為什麼要對小事生氣呢？我為什麼不能度量大一點？我就這樣說了很多話，責備著自己。蘇珊傾聽著，然後她問我究竟是些什麼小事。她希望清楚知道所有細節，起初我不願回答。但最終我察覺到我可以一直這樣下去，抱怨自己沒有仔細看清楚讓我生氣的究竟是什麼。因為我在可以認真看待自己的感覺並理解它們之前，就先責備了它們。

我因此開始具體地向蘇珊描述細節。最初，那是與一封信有關的故事。我寫了一封相當長的信給克勞斯，我試著在信中告訴他，當他勸我放棄我的感覺時，我覺得多麼不舒服。例如，當他說我看所有事情都是負面的、我是在雞蛋裡挑骨頭、所有不足掛齒之事我都要苦思一番、我應該不要沒來由地去操不必要的心等等。當他說這些話時，都讓我很難過，我會覺得很孤單，而且會對自己開始說同樣的話：「停止想東想西、接受生命美好的一面、不要那麼難搞。」不過多虧了蘇珊的心理諮商，我已經發現這類建言對我來說是沒有好處的。它們會驅使我去做無意義的努力，這種努力不會帶來任何益處。我覺得我這個人被否定了——一再地被否定。甚至是被我自己否定了，就和以前媽媽對我做的一樣。人們怎麼可能去愛一個孩子，但又希望這個孩子不是她原來的樣子呢？如果我一直想要變成另一種樣子，而且如果克勞斯也希望我這樣的話，我就無法愛自己了，我也無法相信有其他人會愛我。他們愛的究竟是誰呢？是那個不是原本的我的人嗎？或者是我這個人，但他們想要改變我，以讓他們能夠去愛我呢？我不想為了這種「愛」去努力，我已經累了。

現在，受到心理治療的鼓勵，我把一切都寫信告訴克勞斯。我在寫信的時候就已經開始害怕他會不了解，或者（這是我最害怕的）他會認為這一切都是在譴責他。但我根本不是這個意思，我只是試著開誠布公，希望克勞斯會因此更了解我。我清楚地寫下了為什麼我現在會有所改變，而且我希望這個改變過程能將他一起納入，而不是將他留在外頭。

他並沒有立刻回信。我很害怕他會生氣，怕他會對我不斷地想東想西感到不耐煩，怕他會拒絕。但我還是期待著他對我寫的內容有所回應。我在幾天的等待之後，收到了一封他在度假中寄來的信。這封信完全讓我驚呆了。他感謝了我的來信，但對於我信中的內容隻字未提。反而是告訴我他度假時做了哪些事、他還計畫參加哪些登山行程，以及他晚上都和什麼人出去等等。我看得目不轉睛，驚訝不已。當然，我可以不把這當一回事，告訴自己：我這封信太苛求他了。他不習慣對別人的感覺有交集，甚至是對他自己的感覺也做不到，因此他完全無法對我的信有所反應。但如果我想認真對待自己的感覺，那麼這種泛泛之論就完全無法幫上我的忙。我覺得自己完全被蔑視，猶如我什麼都沒寫過一樣。我心想，「這個人對待我如無物！」「他怎麼能這樣對我？」我覺得我的內心受到了致命的攻擊。

當我在和蘇珊的心理治療中試圖認識這種感覺時，我像個小孩一樣地哭了，這個孩子有被殺害的危險。幸好蘇珊並未試著勸阻我放下這種感覺，或告訴我那並不是真的有危險。她讓我哭出來，當我像個孩子似的擁抱了我，輕撫我的背。當下我第一次了解到，我整個童年一直體驗到內心被殺害的感覺是什麼。克勞斯忽視了我的信，我現在感覺到的並非新的體驗，我從很久以前就非常清楚這種感覺了。新的東西只是，這是我第一次可以對這種體會報以心痛的反應，以及我可以感覺到心痛。我小時候沒有人能幫助我去體會這種感覺。沒有人會擁抱我；沒有人會像蘇珊那麼理解我。我以前不承認這種痛楚。後來我用厭食症的方式來展現這種痛楚，而沒有去了解它。

厭食症一再地想告訴我一些事情。如果沒有人想和我對話，我會感到匱乏。我越感到匱乏，就越從周遭的人身上得到一種全然不理解的信號。正如同克勞斯對我的信所展現的反應一樣。醫生們開給我不同的處方，父母根據這些處方又更變本加厲，當我開始不吃東西時，精神科醫生恐嚇我會死，給我不同的藥物讓我進食。所有人都在強迫我有食慾，但他們提供我這種錯誤的溝通形式完全不會讓我有食慾。至於我所追尋的東西似乎是難以獲得的。

直到我在蘇珊身上感覺到那麼深刻的體諒，這個瞬間再度給了我希望，也許每個人在出生時都擁有這種希望：真正的溝通是存在的。每個孩子都在某個時候嘗試著與母親取得溝通。但如果完全沒有獲得回應，孩子便會失去希望。或許母親的排拒正是失去希望的根由。現在，感謝蘇珊讓我再度重拾了希望。我不想繼續和克勞斯這類人在一起了，他們讓我和我以前一樣，放棄了敞開心扉說話的希望。我想和其他能與我談論我的過去的人相逢，或許當我提到我的童年時，會讓大部分的人感到害怕。但也許有其他人同樣願意敞開心扉。單獨和蘇珊在一起時，讓我覺得猶如到了另一個世界。我已經無法理解自己怎麼能和克勞斯在一起那麼久了。我越接近那段父親的漠視行為的記憶，就越清楚看到我與克勞斯之間的連結原點，以及我和其他相似的朋友之間的連結原點。

✡二〇〇〇年十二月三十一日

今天，在相隔兩年之後，我讀了心理治療期間寫的日記。相較於我因為厭食症而必須忍受的那漫長的治療，這並不算久。我現在清楚地看出我如何與自己的感覺切割開來，而且一直還希望能在某個時候和我的父母建立起一段真正的關係。

不過現在這一切已經有了變化。我自一年前起就不再去找蘇珊做心理治療。我不再需要她了，因為我現在可以給予自己內在的小孩體諒，我從蘇珊那裡第一次在人生中體會到那種體諒。現在的我開始陪伴這個孩子，我曾經是這個孩子，而這孩子依舊存在我的心中。我能夠尊重自己身體的信號——不再強迫它。而且我的病症都消失了！我不再有厭食症；我對食物有了胃口，對人生有了興致。我有幾個可以敞開心胸說話的朋友，不用害怕遭到指責。自從我內在的小孩（不只是我成人的部分）了解到她對連結和溝通的渴望，是如何地遭到全然的否認與拒絕，從那時開始，以前對我父母的期待自然地消失於無形了。我不再會被那些阻撓我開誠布公的需求的人所吸引了。我找到了和我有相同需求的人。我不再苦於夜半時分的心悸，也不再害怕進入深邃、漆黑的隧道。我的體重是正常的，我的身體機能穩定了，我不再吃藥，我會避免接觸那些我知道會引起過敏反應的東西。而且我也知道過敏的原因為何。我父母也屬於這類的接觸對象，還有一些多年來給了我「好」建議的其他人士也在列。

雖然有了這些正面的轉變，但這位我在這裡稱為安妮塔的真實人物，當她的母親成功地強迫她重新開始拜訪自己後，她再度陷入了過往困境。這位母親生了病，並且把自己病因歸咎給女兒：安妮塔一定知道不再和她見面將會使她致病。安妮塔怎麼能這樣對她呢？

這樣的戲碼常常發生。母親的身分顯然給了她無限權力，讓自己可以凌駕於成年女兒的良知之上。她在童年未曾從自己母親身上得到的東西——面對面與照顧——只要她能引起女兒的罪惡感，就可以輕易地向自己的女兒逼取。

當安妮塔覺得自己再度被舊有的罪惡感淹沒時，心理治療帶來的所有成效似乎岌岌可危了。所幸厭食的症狀並沒有再次出現。但去拜訪母親讓安妮塔清楚地意識到，如果她不能從這種情感上的強迫勒索「硬起來」，並且停止去探望母親，那麼她就可能會罹患新的憂鬱症。因此，她再度到蘇珊那裡去，希望獲得蘇珊的幫助與支持。

出乎她意料的是，她在那裡遇到了一個她從不認識的蘇珊。蘇珊試著讓她明白，如果她想完全擺脫罪惡感，也就是擺脫她的戀母情結，那麼在她面前就還有一件精神分析的工作正等著她去完成。蘇珊認為安妮塔被父親性剝削的經歷可能在她心中留下了對母親的罪惡感，因此加深了她對母親的依賴。

安妮塔無法接受這種詮釋；除了被操控的憤怒之外，她無法有其他的感覺。她覺得現在的蘇珊就像個精神分析學派的俘虜，她無視安妮塔的抗議，不去質疑這些精神分析學派的教條。蘇珊曾經幫助安妮塔甩開黑色教育的樣板，但現在的蘇珊卻顯示她自己對精神分析學派教條的依賴，這些看法聽在安妮塔的耳朵裡完全是錯誤的。她比蘇珊年輕了將近三十歲，她不需要服膺那些對早她一個世代的人來說是理所當然的教條。

於是，安妮塔離開了蘇珊，找到了一個同年齡的團體，這個團體裡的成員全都在心理治療時有過類似的經驗，他們追求的是不帶「矯正」的溝通形式。對於抽身離開家庭的漩渦，以及不讓自己被與自己無關的理論說服，安妮塔在這個團體裡獲得了她所需要的保證。她的憂鬱症消失了，就連厭食症也沒有復發。

厭食症是種非常複雜的疾病，有的時候還會造成生命危險。一個年輕女人可能會折磨自己致死。我會說，她是藉由厭食，反覆訴說著父母曾在她童年時對她做過什麼事情。她無意識地再次上演了童年所受的苦，當父母拒絕給予她重要的情緒滋養時，她的心靈受到他們多大的折磨。這種說法似乎在醫界喚起了相當大的不適感，以至於他們寧願緊守著一種想法不放，即認為厭食症是不可理解的，雖然可以投藥，但無法真正治癒。類似的誤解之所以會產生，是因為身體敘說的故事遭到了忽視，以第四誡之名獻給了道德的祭壇。

安妮塔先是透過妮娜、接著經由蘇珊、最後在團體裡，學會了她有權去堅持自己對於**情緒滋養**的需求，她再也不需要放棄這種滋養，而且只要她生活在母親的身邊，就會以憂鬱症付出代價。安妮塔理解她必須充分地滿足了她的身體，自此身體不再需要去提醒她。她開始會去尊重身體的需求，而且只要忠於自己的感覺，她就不再會讓任何人指控她自私。

多虧了妮娜，安妮塔在醫院裡第一次經驗了人情溫暖與同理心，釋放了情緒的需求和責難。後來她幸運地在蘇珊那裡遇到可以傾聽與感覺她的心理治療師。她在蘇珊那裡找到了自己的情緒，並且敢於去體會、表達。從這時開始，她明白了自己所找尋與需要的是哪種滋養，她可以建立新的人際關係，並且脫離舊有的人際關係；在舊有的人際關係裡，她期待著她並不清楚的東西。現在的她真的了解了。她從蘇珊身上獲得了這些，多虧了這次的經驗，她日後才能看出這位心理治療師的侷限。她將不會再為了逃避別人對她的謊言，而爬進洞裡躲藏。她將會每次都以自己的真相與這些謊言對抗。她永遠不再需要挨餓，因為現在的人生對她來說是值得活下來的。

安妮塔的故事其實不需要更進一步的評論。她在其中描寫的事實，讓讀者能了解讓她致病的真正原因。她生病的來源是缺乏與父母及男友之間真實的情感交流。一旦她知道現在身旁存在著有意願並有能力理解她的人，當然就會康復了。

在那些儲存於我們的身體細胞之內，被抑制（或壓抑、分離）的童年情緒裡，最主要的就是恐懼。被毆打的孩子必定會不斷恐懼著再次被打，但他無法一直活在被人殘酷對待的認知裡。同樣地，一個被人冷落的孩子不會有意識地感覺到自己的痛楚，更遑論他因為被遺棄的恐懼而無法表達。因此，這樣的孩子會停留在一個不真實的、理想化的、幻想的世界中。這種幻想世界幫助他存活下來。

有時，平凡至極的事件在成年人身上會觸發那曾被抑制的情緒。但這些成年人很難理解：「我？害怕我的媽媽？為什麼？她絕不會傷害我；她對我很和藹，盡其所能地對待我。我怎麼可能會怕她呢？」或者另一種狀況是：「我的媽媽很可怕。

但就是因為我知道，所以我切斷了所有和她的關係，我完全不依賴她。」對成年人而言，這可能是真的。然而，他心中也可能還有一個未整合的小孩，這個內在小孩的驚慌和恐懼沒有被接受，或是被有意識地感覺，因此才將這種恐懼對準了其他人。這種恐懼可能會在沒有明確理由的狀況下突然襲來，並且變成驚慌失措，如果沒有在知情見證者的陪伴下，有意識地去經驗他對母親或父親無意識的恐懼，這種恐懼可能會持續數十年。

在安妮塔的案例裡，這種恐懼讓她不信任醫護人員，也讓她無法進食。這種不信任雖然常常是合理的，但並不必要。這是一種混亂，安妮塔的身體只會不斷地說：我不想要這個。但無法說出它想要的是什麼。直到安妮塔在蘇珊的陪伴下，可以有意識地經驗她的情緒，直到她發現了自己心中最早期的恐懼，是源自在情緒上抑制她的母親，她才能擺脫這些恐懼。從那時開始，她更能在當下找到頭緒，因為她的分辨能力更強了。

她現在已經知道，強迫克勞斯進入一個真誠、敞開心胸的對話是徒勞無功的，因為這完全有賴於克勞斯改變他的態度。克勞斯已經不再是她媽媽的替代品了。另一方面，她突然發現周遭有些和她的父母不一樣的人，在這些人面前她不再需要保護自己。由於她現在已經認識了那個非常幼小的安妮塔身上的故事，她不再需要去害怕那些故事，也不需要讓故事再次上演了。現在的她越來越能辨清情勢，並且將今天與過去區隔開來。在她新發現的飲食樂趣中，反映出她對與人來往的興致，這些人會對她敞開心胸，她不需要費力去做。

她盡情享受著與這些人的交流，有時甚至會很詫異地自問，那些將她與幾乎所有人隔開來那麼久的猜疑與恐懼都去哪裡了？自從眼前的景況不再那麼模糊不清地與過去糾纏在一起後，那些猜疑與恐懼就真的消失無蹤了。

我們知道有許多青少年對精神醫學抱持著不信任的態度。他們不容易相信精神科醫師是「為了他們好」，即便這種狀況絕對是有可能發生的。他們預期會遇到各式各樣的詭計，也就是那些服膺於傳統道德的黑色教育的論調，全都是他們自小就熟悉且懷疑的東西。心理治療師必須先贏得患者的信任。但如果他面對的個案，過去曾一再地經驗到自己的信任被濫用，心理治療師該如何獲得對方的信任呢？他是否必須花上數月或是數年以便建立一段有幫助的關係呢？

我不這麼認為。我的經驗是，即便是非常多疑的人，當他們真的感覺到受人理解，而且人們接受他原來的樣子時，他們也會仔細傾聽並且打開心防。安妮塔的回應就是這樣，當她遇到那個葡萄牙女孩妮娜，以及後來的心理治療師蘇珊。她的身體迅速幫她放下了猜疑，當身體認出以前一直被剝奪的真正滋養，它因此產生了進食的慾望。如果人們是出於真正想要了解的意願，而不是戴著虛偽的面具，他們將很快就會被認出，甚至是多疑的青少年也會看得見。但在提供幫助時，不可以存有一絲虛假的謊言。

身體早晚都能察覺到這些，即便是最華麗的言語，也不可能長期迷惑它。

全書總結

責打小孩一直都是一種嚴重、有時會帶來終生後果的虐待。曾經經歷過的暴力行為會儲存在孩子的身體裡，在成年後轉嫁到其他人身上，甚至是整個民族。再不然，受虐兒童會將暴力轉向自己，導致憂鬱症、毒癮、重病、自殺或是早逝。本書的第一部說明，否認童年曾遭受過殘忍行徑的事實，會破壞他們身體維生的生理任務，並妨礙身體的重要機能。

人們直至自己的生命盡頭，都必須敬重自己的父母，這種想法立基於兩種支柱之上。第一種支柱的組成是受虐兒童對其施虐者的（毀滅性）依附，這種依附從受虐狂的行為到嚴重的性慾反常，都常能看見。第二種則由傳統道德組成，從幾千年前就威嚇我們，無論父母怎樣對待我們，倘若我們膽敢不尊敬自己的父母，便會早死。

對於小時候曾遭受虐待的孩子而言，這種製造恐懼的道德會產生何等惡劣的後果，這點並不難理解。每個在小時候被毆打過的孩子都易受恐懼影響；未曾體驗過愛的孩子則多半都終其一生渴望著愛。這種包含著大量期待的渴望與恐懼結合在一起後，形成了持續第四誡的溫床。它體現了成人對孩子的權力，在所有的宗教之中都以顯而易見的方式顯露出來。

我在這本書裡透露了一個希望，我希望第四誡的力量能隨著心理學知識的提升而減弱，這有助於人們重視攸關生命的身體與生理需求，其中包含了對真相的需求，忠於自己、自己的知覺、感覺與認知的需求。如果我在一種真正的溝通中獲得了真實的表達方式，我身上所有建立在謊言與偽善之上的東西都會掉落。接著我將不再掙扎於一段我必須假裝能感覺到我所沒有的感覺的關係，或是一段將我明顯感覺到的感覺壓抑下去的關係。我不認為那種排除真誠的愛，可以稱為愛。

下面幾點或許能歸納這樣的想法：

1.曾經受虐的孩子對自己父母的「愛」並不是愛。那是一種背負著期待、幻想與否認的**連結**（*Bindung*），所有相關的人都會為此付出很高的代價。

2.主要會由下一代的孩子為這種連結付出**代價**，這代孩子在謊言的心靈裡成長，因為他們的父母會自動地把「為了他們好」的東西施加在他們身上。年輕的父母通常也會為自己的否認付出嚴重的健康代價，因為他們的「感激」與他們身體的所知是相互矛盾的。

3.通常**心理治療**的失敗，可以用下列事實來解釋：很多心理治療師自己就身陷於傳統道德的套索裡，而且也試著把他們的個案拉進同樣的套索之中，這是因為他們除了這套道德以外不知道其他東西了。例如，一旦女性個案開始去感覺且能清晰地批判自己父親的亂倫行為，女性心理治療師心中或許會浮現恐懼，害怕自己如果看到真相並說出來，會遭到自己父母的懲罰。以寬恕作為治療方式的建議，要如何另做他解呢？心理治療師常常會為了安撫自己而提出這類建議，正如同父母也會這麼做。心理治療師所傳達的訊息聽起來與父母在個案童年時所傳達的非常類似，且通常表達得更友善，因此個案需要許多時間才能識破這種教養觀點。當他們終於看清時，他們已經無法離開這位心理治療師了，尤其是在這段期間內已然形成了一段有毒的新依附關係——對他們來說，現在這位心理治療師就是母親，就是幫助他們誕生的母親（因為他在這裡開始有所感覺）。因此，他繼續期待心理治療師的拯救，而非傾聽自己的身體，接受身體信號訴說的幫助。

4.倘若個案能得到一位知情見證者的陪伴，他便可以經驗並理解對父母（或近似父母的形象）的恐懼，同時漸漸**解開那段毀滅性的依附**。身體的正面反應不消多久就會出現：其所傳達的訊息將會越來越容易理解；這些訊息將不再以費解的症狀發聲。個案將會發現自己的心理治療師（常常是無意地）搞錯了，因為寬恕其實**阻礙**（*verhindert*）了舊傷口的癒合，更遑論去治癒傷口了。這麼做永遠無法脫離重複的強迫性驅力，同樣的模式會一而再再而三地發生。這是每個人都能用自己的經驗去查證的。

我試著在《身體不說謊》這本書中指出，某些廣為流傳的觀點早就被科學研究揭穿了。這些觀點包括：相信寬恕有治癒的效果、戒律可以製造真正的愛、我們偽裝的感覺可以和對真誠的需求並容。然而，我對這些錯誤觀念的批評，並不意味著我完全不肯定任何的道德標準，或是否定所有的道德。

與此完全相反的是，正因為我覺得某些特定價值是如此重要——例如正直、覺察、負責或忠於自我等——我很難去否認這些在我看來是不證自明的真相，而且這些真相都可以是被經驗實證的。

我們不僅會在對宗教的服從態度裡觀察到逃避童年傷痛的行為，也會在挖苦的話語、諷刺以及其他形式的自我疏離裡看到，它們常常偽裝成哲學或文學。但最終身體都會起而反抗。即便暫時能被毒品、尼古丁與藥物平定，身體通常還是有話要說，因為它會比我們的心智更快地看透自我欺騙，尤其是當我們的心智已被訓練成在虛假的自我中運作。我們或許會去忽視或嘲笑身體的訊息，但身體的反抗是絕對需要留意的，因為身體的語言，就是我們真實的自我以及存活力量的真正展現。

【後記】

身體的反抗：一種挑戰

我所有的著作幾乎都引發了衝擊性的反應。但對於這本書中的論述受到應證或否認，而引發的讀者的情緒強烈程度，卻更是引人注目。我覺得這種強烈程度間接地表達出讀者與自己之間的距離遠近。

本書的德文版在二〇〇四年三月出版後，我收到許多讀者的來信，他們都很高興不需要再強迫自己去感受那些他們在現實中根本感受不到的感覺，也終於不需要去否認那些他們心中一再出現的感覺。但是其他一些反應，主要來自報章雜誌，我常常會發現其中主要的誤解是因為「虐待」（Mißhandlung）一詞，我自己或許也造成了這些誤解，因為我在使用「虐待」一詞時採取了比一般更廣泛的意涵。

我們習慣將「虐待」一詞與下列圖像連結在一起：一個滿身是傷的小孩，他身上的傷痕清楚地指出了他所受到的傷害。但我在這本書所用的「虐待」概念，更確切地說應該是指對孩子在心靈和身體的整體性之傷害。這種傷害在一開始時是**看不見的**（*unsichtbar*），傷害的後果往往要到幾十年後才會被人注意到，但即便到了那個時候，這種傷害與童年所受的苦痛之間的關係卻只有少數會被看見、且受到正視。無論是受害者本身還是一般社會大眾（醫生、律師、老師，以及遺憾的是很多心理治療師也是如此），他們都不想知道日後的「失調」（Störungen）或「偏差行為」（Fehlverhaltens）是與童年相關。

當我稱這種看不見的傷害為「虐待」時，我常常會遇到異議以及極大的怒氣。我非常能理解這種態度，因為我也有很長的一段時間抱持著相同的看法。以前如果有人對我說，我曾是個遭到虐待的孩子，我可能會很激烈地否認自己有過這種「情況」。直到現在，多虧了夢境、我的繪畫還有我身體的訊息，我才能確定自己小時候必定承受過好幾年的心靈傷害，但身為成人的我卻一直不想承認。我就像許多其他人一樣，心裡想著：「我？我從來沒挨過打。那幾個耳光根本不算什麼，我媽媽對我則是費盡了心力。」（讀者可以從這本書裡，看到其他人的類似敘述。）

但我們不能忘記，那些過去看不見的傷害所造成的嚴重後果，正是來自於低估了童年的苦痛、否認了這些苦痛的意義。每個成年人都能輕易地想像，如果有個巨人突然對他大發雷霆，他會多害怕、覺得丟臉。但我們卻認為小孩子不會有這樣的反應，雖然我們有很多證據可以指出敏感和早熟的孩子會如何對周遭環境做出反應（Dornes, 1993; Juul, 1997）。父母以為摑掌、打屁股絕不會痛。這些處罰會將特定的價值觀傳達給孩子，而孩子則接受了這種評價。有些孩子甚至學會嘲弄體罰這整件事，並且嘲笑自己由於被侮辱、被貶抑所導致的痛楚。他們成年後會緊抓著這種嘲諷，對自己的挖苦感到驕傲，有些人甚至還將之寫成文學作品，例如我們可以在詹姆士．喬伊斯、法蘭克．麥考特以及其他人身上看到這種狀況。當他們由於被壓抑的真實感覺而承受無可避免的焦慮與憂鬱症狀時，他們很輕易就能找到開藥的醫生，這些藥物會給他們一陣子幫助。如此一來，他們就能維持自嘲，用這靠得住的武器來對抗所有由過去浮現而出的感覺。他們這樣做，可以讓自己符合社會的要求，珍惜父母就是最崇高的戒律之一。

很多心理治療師努力要將個案的注意力從他們的童年上轉移開來。這些治療師如何以及為何這麼做，我在這本書裡說明得非常清楚了，雖然我不知道這類情況所佔的比例有多少，畢竟沒有相關的統計數字。讀者可以根據我的描述，看清楚自己在心理治療這條路上究竟是得到自我陪伴的能力，或是加重了自我疏離。遺憾的是，後者常常發生。有位在精神分析圈裡相當受人重視的作家，甚至在他的一本書裡聲稱：「真實的自我」根本不可能存在、討論真實的自我是種誤導。被用這種治療方法對待的成年人，如何能找到自己幼年的現實呢？他們如何能覺察到自己小時候經驗的無力感？他們將如何再次經驗到絕望感？這些經年累月一再地地受到傷害的孩子不能去感覺自己真實的情況，因為沒有人幫助他們去看見它。這些孩子必須試著獨自地拯救自己，他們逃到困惑之中，偶爾也會使用自嘲。成年人在日後的心理治療不能解除這種困惑，而這些心理治療又未封鎖通往感覺的入口，他就會持續地對自己的命運冷嘲熱諷。

但如果他們成功地藉由現在的感覺，抵達了他們還是小孩時最單純的、合理的、強烈的情緒，並將這些情緒視為對父母或替代之父母人的（有意或無意的）殘忍行徑的綜合反應，他們便不會再嘲笑了。嘲諷、挖苦與自嘲就會消失——他的病症最終也會不見，這些症狀都是為了這些浮誇嘲諷而付出的代價。接下來便是真實的自我了，這意味著一個人可以靠近自己真正的感覺與需求。當我回顧自己的人生時，會驚訝於真實的自我是如何透過了忠貞、耐力與堅毅，去對抗所有內、外的反抗而獲得了成功。這個真實的自我在沒有心理治療師的幫助之下也繼續存在著，因為我成為了自己的知情見證者。

放棄挖苦與自嘲當然不足以處理殘酷童年所造成的後果。但這卻是一個必要的、不可或缺的先決條件。人們可能會以自嘲的態度去接受一系列心理治療，但毫無進展，因為我們依然切斷自己真實的感覺，對我們曾是的那個孩子毫無同理心。人們付錢（或由保險公司給付）去做一系列的心理治療，只為了逃避我們所擁有的現實。而且，我們很難期望用這種基礎所做的心理治療會有任何變化。

一百多年以前，佛洛伊德屈服於指責孩子、饒恕父母的一般道德觀念。而他的追崇者也如此行事。我在最近的三本著作裡，指出精神分析雖然偶爾會公開較多有關兒童虐待與兒童性侵害的事實，並試著用他們的理論思緒來統整這些事實，但可惜的是這些嘗試常常會因為第四誡而失敗。如我之前所描述的，父母的角色如何影響孩子病症的產生，這件事繼續被掩飾、遮蓋。所謂的眼界拓展是否真的改變了大多數心理治療師的內在態度，這點我不予置評。但那些出版品給我的印象是，對於傳統道德的反思仍舊是欠缺的。無論在理論或是實務上，父母的行為依舊受到了辯護，伊利．扎列茨基[49]在《靈魂的祕密》（*Secrets of the Soul*）一書中所記述的精神分析學派迄今的詳盡歷史（完全沒討論第四誡），印證了我的說法。因此我在本書中寧可只稍微提到精神分析學派。

49 Eli Zaretsky，美國歷史學者。

對於不熟悉我其他著作的讀者而言，或許需要費些力去辨清我所寫的內容與精神分析理論之間究竟有哪些顯著的差異。畢竟大家都知道精神分析師也關心童年，而且如今也逐漸接受了早期創傷會影響往後人生的這種想法。但他們常常避開那些父母所施加的傷害。被指認出的創傷大部分是父母過世、重病、離婚、自然災害、戰爭等。受到這些創傷的病患認為自己現在不再和這些創傷事件有關，而精神分析師可以毫不費力地去體會病患童年的處境，並以知情見證者的身分幫助他克服童年傷痛，至少對精神分析師來說，這類創傷並不會使他憶起自己童年的傷痛。但這類創傷與那大多數人必定經歷過的傷害不同，因為那關乎去感覺對自己父母的仇恨，其中也包含去感覺成年後對孩子的敵意。

我認為馬汀・多納斯[50]那本值得稱許的著作《有能力的嬰兒》（*Der kompetente Säugling*）相當清楚地說明，截至目前為止精神分析學者的觀念有多難與最新的嬰兒研究相呼應，雖然作者非常努力要讓讀者相信並非如此。關於這點，我在我的書中指出了許多原因。但我認為最主要的原因在於思想封鎖的效果

（Alice Miller, 2001: 109-133）。思想封鎖與第四誡都使焦點從童年的現實上轉移了。佛洛伊德本人與後繼者，尤其是梅蘭妮．克萊恩[51]、奧圖．肯柏格[52]，以及自我心理學的海因茲．哈特曼[53]等人，他們自己經歷過的教養都本著黑色教育的精神：無論是生而邪惡，或「多相變態」（polymorph pervers），他們全都將之加諸在孩子身上。（我在《被排除的知識》（*Das Verbannten Wissen*）一書中有一段關於迄今仍深受敬重的精神分析學者格洛弗[54]的記述，內容是他對小孩的看法。）這些都和小孩的現實毫無關係，更遑論一個受到傷害、痛苦的小孩的現實了。只要體罰與其他心靈傷害普遍被當成「正當」教養的合法部分，那麼無庸致疑地，絕大多

50 Martin Dornes（1950－），德國心理學者。
51 Melanie Klein（1882－1960），英國心理學者。
52 Otto Kernberg（1928－），奧地利籍心理學者。
53 Heinz Hartmanns（1894－1970），德國心理學者。
54 Edward Glover（1888－1972），英國心理學者。

數小孩便都是處在這種情況之下。

其他精神分析師，例如桑多爾・費倫齊[55]、約翰・鮑爾比[56]、海因茲・科胡特[57]等對於這個現實抱持著開放的態度。結果他們一直停留在精神分析的邊緣，因為他們的研究明顯與驅力理論相左。即便如此，就我所知，他們沒有一個人脫離了國際精神分析協會（International Psychoanalytical Association，簡稱IPA）。為什麼呢？因為他們就像如今很多人一樣，希望精神分析不是教條式的系統，而是一個開放的系統，可以整合最新的研究結果。雖然我不願說將來絕不會這樣，但我認為這種開放性的必要前提，絕對需要有自由度去接受嬰兒期真正的心靈傷害（「受虐」），並認清人們低估了父母對孩子造成的苦痛。這些只可能發生在情緒找到方式進入精神分析的實務工作之後；當分析師不再害怕情緒的揭露能力之後。這樣的發展完全不需要與原始療法相符合。但心理分析師必須了解情緒的揭露能力。一旦這些發生了，倖存者便能面對自己童年所受的傷，並藉著知情見證者與身體訊息的協助，去開闢通往自己源頭與真實自我的道路。不過就我目前所知，這在精神分析的圈子仍不曾發生。

我在《夏娃的覺醒》一書中，用了一個實際的例子來說明我對精神分析的批判。（Alice Miller, 2001: 149-156）我能指出甚至連極具創造性的唐諾．溫尼考特[58]，也無法真的在精神分析時幫上他的同僚哈利．岡特瑞普[59]的忙，因為他不可能去接受或否認母親對年幼的岡特瑞普的恨意。這個例子清楚顯示精神分析的侷限，它太保護父母了，這種侷限促使我離開了國際精神分析協會，轉而尋找自己的道路。這麼做肯定讓我成了遭到排拒的異教徒。遭到排拒與被誤解雖然讓我不舒服，但另一方面異教徒的處境也為我帶來了很大的好處。異教徒的身分對我的研究相當

55 Sándor Ferenczi（1873－1933），匈牙利心理學者。

56 John Bowlby（1907－1990），英國心理學者。

57 Heinz Kohut（1913－1981），奧地利心理學者。

58 Donald W. Winnicott（1896－1971），英國心理學者。

59 Harry Guntrip（1901－1975），英國心理學者。

有用，它提供了我所需的自由，尤其是我重視的思想與寫作上的自由，讓我繼續追尋我的疑問。

多虧了這種自由度，我能不再去維護那些破壞自己孩子未來的父母。這意味著我牴觸了一個大禁忌。因為不只在精神分析圈內，連同在我們的社會之中，父母與家庭都絕對不能被指為暴力與苦痛的根源。對於這種認知的害怕，可以明顯地在大部分以暴力為主題的電視節目中觀察到。

對兒童虐待現象的統計調查，以及許多在心理治療時敘說自己童年經歷的個案，致使新型態心理治療形式的創立。它們不同於精神分析，而將焦點集中在創傷的治療上，並且在許多醫院中已經付諸實踐了。但就算是這些心理治療（儘管完全出於善意，並以同理心陪伴病患），一個人真正的感覺以及其父母真實的本性也可能遭到掩飾，特別是藉助於想像與認知的練習或心靈慰藉。這種所謂的心理治療式的介入，是將焦點從個案的真實感覺和他們在童年經驗的現實轉移開來。然而個案需要這兩者（通往感覺的入口，並藉之進入他的真實經歷），以便找到自己並能解除他們的憂鬱症。否則某些病症雖然可能消失，但只要過去的那個孩子的現實遭到了忽視，那些病症又會以生理病痛的形式浮現出來。這種現實也可能在身體療法遭到忽視，尤其是當心理治療師還恐懼著自己的父母，因而強迫地將父母理想化。

如今已有許多母親（在「我們的童年論壇」網路上也有些父親）會誠實地自述，她們自己童年所受到的傷害妨礙了她們去愛自己的小孩。我們可以從他們身上學習，並停止繼續將母愛理想化。接著，我們便不需再透過分析將嬰兒視為一個尖叫的怪物。而且我們會開始去理解嬰兒的內心世界，領會孩子的孤獨和無力感；這些孩子在拒絕與之溫柔親切溝通的父母身旁長大，因為他們也從沒有經驗過這種溝通。如此一來，我們便可在尖叫的嬰兒身上找到一種符合邏輯的、合理的反應，這種反應針對的是父母那些多半無意識但真實的殘忍行為；社會大眾並不認為父母的這些行為是殘忍的。個人對自己受損的人生感到絕望，是一種同樣自然的反應，有一些創傷治療會透過「正面思考」來緩和這種絕望。然而正是這種強烈的「負面」情緒使人能夠認知到孩子過去曾被父母（或「只是」）忽視。為了最終能夠克服這些創傷的痛苦效應，我們需要有這樣的認知。

父母的殘忍行徑不全是發生在身體上（即便現今的世界人口當中大約有九成的人小時候都挨過打）。它包含了缺乏親切的照顧與溝通、遺忘孩子的需求與心靈痛楚、無意義的變態處罰、性侵、壓榨孩子無條件的愛、情感勒索、破壞自我感覺，以及不計其數的權力剝削形式。這份清單是列不盡的。其中最嚴重的是：孩子必須學習將所有這些行為當成非常正常的，因為他們不認識其他的行為。無論父母曾對孩子做了什麼，孩子都會一直慷慨地愛著父母。

動物行為研究學家康拉德．羅倫茲60曾非常感同身受地描寫了他的一隻鵝對他的靴子的死心踏地。因為這雙靴子是小鵝出生時第一眼看到的東西。這種依附遵循的是本能。但如果我們人類終其一生都遵循著這種在生命之初的自然本能（一開始很有用），那麼我們將永遠是那個聽話的小孩子，無法享受成年人的優勢。這些優勢包含自覺、思想自由、進入自己的感覺，以及比較的能力。眾所周知，妨礙這些發展以及讓人們停留在依賴父母形象的狀態下，是教會與政府所感興趣的。卻很少人知道身體會因此付出高昂的代價。畢竟，如果我們看穿父母的惡行，將會產生什麼後果呢？如果父母形象的權力行使不再有效，那麼這些父母形象又將會如何呢？

這是為什麼「父母」這個機制至今依舊享有絕對的豁免權。如果有一天發生了改變（就像這本書假設的那樣），那麼我們便能去感覺父母的虐待對我們做了什麼。如此一來我們就會更了解自己身體的信號，並且能夠和諧地與身體生活在一起，但不是以被愛著的孩子的身分，不是那個我們從來不曾當過、未來也不可能變成的孩子，而是一個坦率、有自覺、以及或許是有愛的成年人，他因為了解了自己的故事而不需再害怕這些故事。

在我讀到的那些相反的意見之中，還有其他引起我注意的誤解，在此我想提出其中兩點。它們牽涉到的問題，一個是嚴重憂鬱症案例中與施加傷害的父母之間的

60 Konrad Lorenz（1903－1989），奧地利動物學家。

距離，另一個則是與我個人故事有關的問題。

首先我必須指出，我在書中一再提到的是內化的父母，很少提到實際的父母，而且從未提到「邪惡的」父母。我不是在給童話《糖果屋》裡漢斯與葛蕾特那對兄妹建議，他們當然要逃離邪惡的父母。但孩子是無法那麼做的。我的主張是要正視真實的感覺，這些感覺自孩提時代就被壓抑了，一直在心靈的地窖裡苦熬著它們的日子。我能理解一些評論家可能不熟悉這類內在工作，認為我在煽動讀者去對抗他們的「邪惡父母」。但我希望有一點精神覺察的讀者不會忽視「內化」一詞。

如果我童年故事的分享可以遇到細膩而不草率的閱讀態度，我當然也會很高興。自從我開始研究兒童虐待的議題，我便遭到了批評者指責我眼中到處都是兒童虐待，是因為我自己曾遭到虐待。我起先的反應是很詫異，因為當時的我對自己從前的故事所知仍甚少。如今我雖然可以想像，正是我那受到阻礙而產生的苦痛敦促我去研究這個課題；但當我開始研究這個領域，我不只發現到自己的命運，也找到了非常多人的宿命。事實上，他們都是我的導師，他們的故事使我開始拆除自己的防禦，開始回顧我自己，並從對兒童苦痛頑固又普遍的否認當中獲得了結論，幫助我了解自己。因此，我非常感謝這些人。

Mauriac, Claude: *Marcel Proust.* Mit Selbstzeugnissen und Bilddokumenten. Aus dem Französischen übertragen von Eva Rechel-Mertens, Reinbek bei Hamburg: Rowohlt Taschenbuch Verlag [17]2002 [1958]

Meyer, Kristina: *Das doppelte Geheimnis. Weg einer Heilung – Analyse und Therapie eines sexuellen Mißbrauchs.* Freiburg im Breisgau/Basel/Wien: Herder 1994

Miller, Alice: *Am Anfang war Erziehung*, Frankfurt am Main: Suhrkamp 1980

Miller, Alice: *Das Drama des begabten Kindes und die Suche nach dem wahren Selbst. Eine Um- und Fortschreibung*, Frankfurt am Main: Suhrkamp 1997

Miller, Alice: *Wege des Lebens. Sieben Geschichten*, Frankfurt am Main: Suhrkamp 1998a

Miller, Alice: *Du sollst nicht merken. Variationen über das Paradies-Thema*, Frankfurt am Main: Suhrkamp, rev. Aufl. 1998b

Miller, Alice: *Evas Erwachen. Über die Auflösung emotionaler Blindheit*, Frankfurt am Main: Suhrkamp 2001

Miller, Alice: *Abbruch der Schweigemauer*, Frankfurt am Main: Suhrkamp 2003 [Hamburg: Hoffmann und Campe 1990]

Miller, Alice: »Mitleid mit dem Vater. Über Saddam Hussein«, in: Spiegel online, 12. 1. 2004

Miller, Judith/Mylroie, Laurie: *Saddam Hussein and the Crisis in the Gulf*, New York: Times Books 1990

Mishima, Yukio: *Geständnis einer Maske.* Roman. Aus dem Amerikanischen von Helmut Hilzheimer, Reinbek bei Hamburg: Rowohlt Taschenbuch Verlag 2002 [1964]

Proust, Marcel: *Briefwechsel mit der Mutter.* Ausgewählt und übersetzt von Helga Rieger. Mit einem Nachwort und Anmerkungen von Philip Kolb, Frankfurt am Main: Suhrkamp 1970

Proust, Marcel: *Jean Santeuil.* Aus dem Französischen übersetzt von Eva Rechel-Mertens; revidiert und ergänzt von Luzius Keller, Frankfurt am Main: Suhrkamp 1992

Zaretsky, Eli: *Secrets of the Soul*, New York: Alfred A. Knopf 2004

【附錄一】

引用文獻

Anonym: »Lass mich die Nacht überleben«, in: Der Spiegel, Nr. 28, 7. 7. 2003

Becker, Jurek: *Ende des Größenwahns. Aufsätze, Vorträge*, Frankfurt am Main: Suhrkamp 1996

Bonnefoy, Yves: *Rimbaud.* Mit Selbstzeugnissen und Bilddokumenten. Aus dem Französischen übertragen von J.-M. Zemb, Reinbek bei Hamburg: Rowohlt Taschenbuch Verlag ^{7}1999 [1962]

Burschell, Friedrich: *Friedrich Schiller in Selbstzeugnissen und Bilddokumenten*, Reinbek bei Hamburg: Rowohlt Taschenbuch Verlag 1958

Čechov, Anton P.: *Briefe.* Herausgegeben und übersetzt von Peter Urban, Zürich: Diogenes Verlag 1979

Damasio, Antonio R.: »Auch Schnecken haben Emotionen«. Spiegel-Gespräch, in: Der Spiegel, Nr. 49, 1. 12. 2003

DeSalvo, Louise: *Virginia Woolf – Die Auswirkungen sexuellen Mißbrauchs auf ihr Leben und Werk*, München: Verlag Antje Kunstmann 1990

Dornes, Martin: *Der kompetente Säugling*, Frankfurt/M.: S. Fischer 1993

James, Oliver: *They F*** You Up*, London: Bloomsbury 2002

Joyce, James: *Briefe.* Ausgewählt aus der dreibändigen, von Richard Ellmann edierten Ausgabe von Rudolf Hartung. Deutsch von Kurt Heinrich Hansen. Frankfurt am Main: Suhrkamp 1975

Juul, Jesper: *Das kompetente Kind*, Reinbek bei Hamburg: Rowohlt 1997

Kertész, Imre: *Roman eines Schicksalslosen*, Reinbek bei Hamburg: Rowohlt Taschenbuch Verlag ^{8}2002 [1998]

Lavrin, Janko: *Dostojewskij.* Mit Selbstzeugnissen und Bilddokumenten. Aus dem Englischen übertragen von Rolf-Dietrich Keil, Reinbek bei Hamburg: Rowohlt Taschenbuch Verlag ^{26}2001 [1963]

【附錄二】

延伸閱讀

◎心理大師經典著作

- 《小漢斯：畏懼症案例的分析》（2006），西格蒙特・佛洛伊德（Sigmund Freud），心靈工坊。
- 《狼人：孩童期精神官能症案例的病史》（2006），西格蒙特・佛洛伊德（Sigmund Freud），心靈工坊。
- 《鼠人：強迫官能症案例之摘錄》（2006），西格蒙特・佛洛伊德（Sigmund Freud），心靈工坊。

- 《愛、罪疚與修復》（2009），梅蘭妮·克萊恩（Melanie Klein），心靈工坊。
- 《兒童分析的故事》（2006），梅蘭妮·克萊恩（Melanie Klein），心靈工坊。
- 《兒童精神分析》（2005），梅蘭妮·克萊恩（Melanie Klein），心靈工坊。
- 《嫉羨和感恩》（2005），梅蘭妮·克萊恩（Melanie Klein），心靈工坊。
- 《給媽媽的貼心書：孩子、家庭和外面的世界》（2009），唐諾·溫尼考特（Donald W. Winnicott），心靈工坊。
- 《遊戲與現實》（2009），唐諾·溫尼考特（Donald W. Winnicott），心靈工坊。
- 《塗鴉與夢境》（2007），唐諾·溫尼考特（Donald W. Winnicott），心靈工坊。

◎其他參考閱讀

- 《幸福童年的祕密》（2014），愛麗絲·米勒（Alice Miller），心靈工坊。
- 《夏娃的覺醒》（2014），愛麗絲·米勒（Alice Miller），心靈工坊。

- 《受傷的醫者：心理治療開拓者的生命故事》（2014），林克明，心靈工坊。
- 《小大人症候群》（2013），約翰・弗瑞爾（John. C. Friel）、琳達・弗瑞爾（Linda. D. Friel），心靈工坊。
- 《被出賣的童年》（2013），喬爾・巴肯（Joel Bakan），天下雜誌。
- 《解鎖：創傷療癒地圖》（2013），彼得・列文（Peter A. Levine），張老師文化。
- 《好父母是後天學來的：王浩威醫師的親子門診》，王浩威，心靈工坊。
- 《失落的童年：性侵害加害者相關的精神分析觀》（2012），約翰・伍茲（John Woods），心靈工坊。
- 《創造性治療：創傷兒童的實務工作手冊》（2012），凱西・瑪契歐迪（Cathy A. Malchiodi），學富文化。
- 《創傷之源起：透視兒童虐待與精神疾病之問題》（2012），江建勳，台灣商務。
- 《人類發展：兒童心理學》（2011），黛安娜、巴巴利亞（Papalia, Diane E）、莎莉、歐茨（Olds, Sally Wendkos），科技圖書。

- 《心靈治癒生命的八個階段》（2011），馬修・林恩（Matthew Linn）等，上智。
- 《壞女兒》（2010），朱絲婷・李維（Justine Levy），台灣商務。
- 《精神分析歷程》（2009），唐諾・梅茨爾（Donald Meltzer），五南。
- 《拯救莎曼珊：逃離童年創傷的復原旅程》（2009），莎曼珊・薇佛（Samantha C. Weaver），心靈工坊。
- 《說故事的魔力：兒童與敘事治療》（2008），麥克・懷特、艾莉絲・摩根（Michael White, Alice Morgan），心靈工坊。
- 《愛的序位》（2008），伯特・海寧格（Bert Hellinger），商周。
- 《依附關係的修復：喚醒嚴重創傷兒童的愛》（2007），修思（D. A. Hughes），心理。
- 《創傷治療：精神分析取向》（2007），卡洛琳・格蘭（Caroline Garland），五南。
- 《哈利波特與神隱少女：進入孩子的內心世界》（2006），山中康裕，心靈工坊。
- 《家暴自療30：偉偉的黑色日記》（2005），黎詩彥，葉子。

- 《兒童與青少年精神健康問題：觸動與關懷》（2005），趙雨龍、秦安琪，心理。
- 《沙遊療法與表現療法》（2004），山中康裕，心靈工坊。
- 《孩子，別怕：關心目睹家暴兒童》（2004），貝慈．葛羅思（Betsy McAlister Groves），心靈工坊。
- 《心理史學》（2001），張廣智、周兵，揚智。
- 《尋找天堂的天使：受虐兒的故事》（1998），中華兒童福利基金會，平安文化。
- 《家庭會傷人》（2006），約翰．布萊蕭（John Bradshaw），張老師文化。
- 《父母會傷人》（2003），蘇珊．佛渥德博士、克雷格．巴克（Forward Susan, Buck Craig），張老師文化。
- 《你的孩子不是你的孩子：被考試綁架的家庭故事 一位家教老師的見證》（2014），吳曉樂，網路與書出版。
- 《為什麼不愛我？：療癒無愛童年的傷痛》（2015），蘇絢慧，寶瓶文化。

- 《走出受傷的童年：理解父母，在傷心與怨恨中找到自由》（2015），蕾斯莉・里蘭・費爾茲，吉兒・哈伯德（Leslie Leyland Fields, Jill Hubbard），啟示。
- 《媽媽的公主病：活在母親陰影中的女兒，如何走出自我？》（2015），凱莉爾・麥克布萊德（Karyl McBride, Ph.D.），橡樹林。

支持性心理治療入門

作者－阿諾．溫斯頓、李察、羅森莎、亨利．品斯克
譯者－周立修、蔡東杰等
審閱－周立修、蔡東杰　定價－240元

支持性心理治療是當今最廣泛使用的個別心理治療模式。本書完整詳述此治療法的基本架構，包括適應症、治療之分期、如何開始及結束治療、專業的界限，也探討了移情、反移情等治療關係議題。

嫉羨和感恩

作者－梅蘭妮．克萊恩
譯者－呂煦宗、劉慧卿　定價－550元

偏執－類分裂心理位置及憂鬱心理位置是克萊恩所創的最重要概念，本書收集了她在此創新概念下的著作。書中論文有些是關於分析技術的，有些則探討較廣泛性的精神分析主題。

長期精神動力取向心理治療

【基本入門】
作者－葛林．嘉寶
譯者－陳登義　定價－350元

本書介紹長期精神動力取向心理治療的基本原理，聚焦在與成人進行的個別治療工作上，涵蓋了基本精神動力原理、病人的評估、開始到結束治療、處遇、目標及治療作用、阻抗、反移情，以及幻想／夢等課題。

史瑞伯

【妄想症案例的精神分析】
作者－佛洛伊德
譯者－宋卓琦　審閱－宋卓琦　定價－180元

佛洛伊德超越史瑞伯的妄想內容表象，深入心性發展的核心過程，為妄想症的形成機轉提出極具創見的論述，並啟發日後的性別認同、女性情結、生殖、生死及存在等議題之研究。

鼠人

【強迫官能症案例之摘錄】
作者－佛洛伊德
譯者－林怡青、許欣偉　定價－260元

佛洛伊德透過本案例曲折精采的分析過程，闡明了父子之間的愛恨糾葛如何在愛情、移情和反移情當中盤錯交織，堪稱伊底帕斯情結在二十世紀初再現的精妙範例。

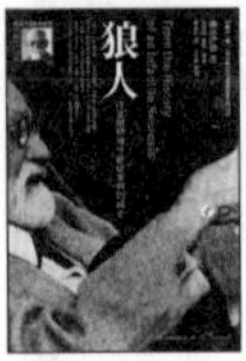

狼人

【孩童期精神官能症案例的病史】
作者－佛洛伊德
譯者－陳嘉新　審閱、導讀－蔡榮裕　定價－220元

狼人的焦慮之夢，迂迴地解開了他精神官能症的迷團，當中有錯綜複雜的閹割恐懼、性別認同、性誘惑等議題。其幼時的原初場景是微不足道的平凡事件，還是心性發展的關鍵時分？

兒童分析的故事

作者－梅蘭妮．克萊恩
譯者－丘羽先　審閱－樊雪梅　定價－750元

本作品詳述一名十歲男孩長達四個月的分析歷程，並精闢地詮釋其畫作、遊戲和夢境。讀者可藉由本書觀察治療過程的逐日變化與延續性，更是探究兒童精神分析技巧的必備書籍。

小漢斯【畏懼症案例的分析】

作者－佛洛伊德　譯者－簡意玲
審閱、導讀－林玉華　定價－240元

小漢斯三歲半時開始出現把玩陰莖的行為，接著逐漸演變出對動物的畏懼症。透過漢斯的父親為中介，佛洛伊德開始為這名五歲男童進行分析。此案例報告所蘊含的具體臨床經驗，印證了佛洛伊德在《性學三論》中所勾勒的許多結論。

藥物與心理治療

作者－蜜雪．瑞芭、李查．巴隆
譯者－周佑達　定價－260元

合併藥物與心理治療的治療模式，在許多方面已證實比單純的藥物治療有更好的療效。本書針對整合式治療與分離式治療當中不同階段所需要的基本能力，以漸進而全面的方式，介紹其原則。

動力取向精神醫學

【臨床應用與實務［第四版］】
作者－葛林．嘉寶
譯者－李宇宙等　審閱－張書森　定價－1,200元

本書說明何謂精神動力學、以及其對現代精神醫學有何貢獻的基本架構，並將生物精神醫學的發現，融入對人類心智的臨床理論當中。精神分析師、心理師、諮商師及臨床人員必讀經典著作。

文化精神醫學的贈物

【從台灣到日本】
作者－林憲　譯者－王珮瑩
審閱－劉絮愷　定價－260元

林憲教授是台灣文化精神醫學研究的先驅。他將過去六十年來台大醫院精神部所進行的社會文化精神醫學研究結果，進行簡明扼要的總整理，同時陳述了許多台日文化比較的成果，點出本書「泛文化精神醫學」的主題。

榮格學派的歷史

作者－湯瑪士．克許　譯者－古麗丹、何琴等
審閱、導讀－申荷永　定價－450元

本書為世人描繪了一株分析心理學家族樹，以榮格為根，蘇黎世的國際分析心理學協會為主幹，各國的榮格學會為大小分枝，榮格門生及傑出分析師、學者們，則化身成片片綠葉高掛枝頭，在豐富的歷史回憶中，不斷添增屬於它的生命力、創意、深度和廣度。

心靈工坊 PsyGarden

探訪幽微的心靈，如同潛越曲折逶迤的河流
面對無法預期的彎道或風景，時而煙波浩渺，時而萬壑爭流
留下無數廓清、洗滌或抉擇的痕跡
只為尋獲真實自我的洞天福地

Psychotherapy

艾瑞克森
【天生的催眠大師】
作者－傑弗瑞・薩德
譯者－陳厚愷　定價－280元

艾瑞克森是自然催眠法的先驅者，為催眠治療在學術領域中取得了合法地位。
他顛覆傳統的教學方法，奠定了艾瑞克森學派的基礎。
他面對身體殘障的積極態度，鼓舞病人欣賞生命的挫敗。
他善用軼事治療，與病魔奮戰的一生就是最具療效的故事。

跟大師學催眠
【米爾頓・艾瑞克森治療實錄】
作者－傑弗瑞・薩德
譯者－朱春林等　定價－450元

整合催眠與心理治療的艾瑞克森，以趣聞軼事作為教學手法與治療工具，並有效運用自然、正式催眠，讓學生或個案打破僵化的自我設限。艾瑞克森深具影響力，他對心理治療實務的貢獻，實等同於佛洛伊德在心理治療理論的貢獻。

朵拉
【歇斯底里案例分析的片斷】
作者－佛洛伊德
譯者－劉慧卿　定價－240元

少女「朵拉」這個案例在精神分析史上佔有重要地位。對歇斯底里、夢、雙性特質、轉移關係等主題，均做了重點探討，佛洛伊德企圖將畢生致力發展的理論，集中在這篇案例之中。透過此案例，他將理論植基於臨床素材，並交織於臨床經驗之中。

論女性
【女同性戀案例的心理成因及其他】
作者－佛洛伊德
譯者－劉慧卿、楊明敏　定價－180元

佛洛伊德為女同性戀提出理論說明，成為後續精神分析對女性心性發展闡釋的前導。本書結集佛洛伊德以女性為主題的文稿，期望帶領讀者進一步瞭解女性與精神分析的糾葛。

佛教與心理治療藝術
作者－河合隼雄
譯者－鄭福明、王求是　定價－220元

河合隼雄深刻地反思成為榮格心理分析師的歷程，及佛學如何提升了其心理分析實踐。作者也揭示了「牧牛圖」如何表達了自性化過程，充分展示一位東方人對人類心靈的獨特理解。

日本人的傳說與心靈
作者－河合隼雄
譯者－廣梅芳　定價－340元

「浦島太郎」、「鶴妻」等傳說不只富涵神祕與想像色彩，更蘊含了日本人獨特的自我形成過程。作者藉著比較日本和世界各國故事的異同，從心理學角度探討屬於日本的特有文化。

沙遊療法與表現療法
作者－山中康裕
譯者－邱敏麗，陳美瑛　定價－300元

本書淺入深地介紹沙遊療法的理論與技術，並比較此療法在東、西方的差異。藉由真實個案的討論及繪畫作品的展現，作者將從事沙遊及表現療法三十七年的實務經驗網羅於本書中。

兒童精神分析
作者－梅蘭妮・克萊恩
譯者－林玉華　定價－450元

在本書中的第一部分，克萊恩以其臨床實務經驗，描述孩童的精神官能症、導因與對客體的施虐衝動所引發的焦慮和罪惡感。第二部分略述她奠基於佛氏之思路所延展出的理論架構。

心靈工坊 PsyGarden

Psychotherapy 041

身體不說謊：再揭幸福童年的祕密

Die Revolte des Körpers

作者—愛麗絲・米勒（Alice Miller） 譯者—林硯芬

出版者—心靈工坊文化事業股份有限公司
發行人—王浩威 總編輯—徐嘉俊
特約編輯—簡淑媛 執行編輯—黃福惠
美術編輯—蕭佑任 內文排版—李宜芝
通訊地址—10684台北市大安區信義路四段53巷8號2樓
郵政劃撥—19546215 戶名—心靈工坊文化事業股份有限公司
電話—02）2702-9186 傳真—02）2702-9286
Email—service@psygarden.com.tw 網址—www.psygarden.com.tw

製版・印刷—彩峰造藝印像股份有限公司
總經銷—大和書報圖書股份有限公司
電話—02）8990-2588 傳真—02）2290-1658
通訊地址—248台北縣五股工業區五工五路二號
初版一刷—2015年7月 初版十二刷—2024年10月
ISBN—978-986-357-033-2 定價—360元

國家圖書館出版品預行編目資料

身體不說謊：再揭幸福童年的祕密 / 愛麗絲.米勒(Alice Miller)著；林硯芬譯.
-- 初版. -- 臺北市：心靈工坊文化, 2015.07 面； 公分

譯自：Die Revolte des Körpers

ISBN 978-986-357-033-2(平裝)

1.心理治療 2.受虐兒童 3.兒童心理學

178.8 104009662

心靈工坊 PsyGarden 書香家族 讀友卡

感謝您購買心靈工坊的叢書，爲了加強對您的服務，請您詳塡本卡，
直接投入郵筒（免貼郵票）或傳眞，我們會珍視您的意見，
並提供您最新的活動訊息，共同以書會友，追求身心靈的創意與成長。

書系編號－PT041　　書名－身體不說謊

姓名　　是否已加入書香家族？ □是 □現在加入

電話（公司）　（住家）　手機

E-mail　生日　年　月　日

地址 □□□

服務機構／就讀學校　職稱

您的性別－□1.女 □2.男 □3.其他

婚姻狀況－□1.未婚 □2.已婚 □3.離婚 □4.不婚 □5.同志 □6.喪偶 □7.分居

請問您如何得知這本書？
□1.書店 □2.報章雜誌 □3.廣播電視 □4.親友推介 □5.心靈工坊書訊
□6.廣告DM □7.心靈工坊網站 □8.其他網路媒體 □9.其他

您購買本書的方式？
□1.書店 □2.劃撥郵購 □3.團體訂購 □4.網路訂購 □5.其他

您對本書的意見？

封面設計	□ 1.須再改進	□ 2.尚可	□ 3.滿意	□ 4.非常滿意
版面編排	□ 1.須再改進	□ 2.尚可	□ 3.滿意	□ 4.非常滿意
內容	□ 1.須再改進	□ 2.尚可	□ 3.滿意	□ 4.非常滿意
文筆／翻譯	□ 1.須再改進	□ 2.尚可	□ 3.滿意	□ 4.非常滿意
價格	□ 1.須再改進	□ 2.尚可	□ 3.滿意	□ 4.非常滿意

您對我們有何建議？

□ 本人＿＿＿＿＿＿＿（請簽名）同意提供真實姓名/E-mail/地址/電話/年齡/等資料，以作為心靈工坊聯絡/寄貨/加入會員/行銷/會員折扣/等用途，詳細內容請參閱：http://shop.psygarden.com.tw/member_register.asp。

廣 告 回 信
台北郵局登記證
台北廣字第1143號
免 貼 郵 票

心靈工坊 PsyGarden

台北市106 信義路四段53巷8號2樓

讀者服務組 收

免 貼 郵 票

(對折線)

加入心靈工坊書香家族會員
共享知識的盛宴，成長的喜悅

請寄回這張回函卡（免貼郵票），
您就成爲心靈工坊的書香家族會員，您將可以——

⊙隨時收到新書出版和活動訊息

⊙獲得各項回饋和優惠方案